मुसाफ़िर

कविता, शायरी, ग़ज़ल...

श्रीराज मेनन

Made with ♥ on the Notion Press Platform
www.notionpress.com

क्रम-सूची

भूमिका   ix

पावती (स्वीकृति)   xi

1. चमन   1

2. ममता   2

3. बेख़बर ख़ुद से   3

4. अस्तित्व   4

5. बारिशों की साज़िशें   5

6. तेरा इंतज़ार था   6

7. व्यथित मन   7

8. तेरा नशा   8

9. चट्टानों से टकराकर   9

10. ख़ंजर   10

11. सतरंगी सपनें   11

12. इक तेरे सिवा   12

13. दिल-ए-बे-ज़ार   13

14. मासूम सवाल   14

15. दिल-ओ-दिमाग़   15

16. दुनिया की भीड़   16

17. राहगीर   17

18. तकदीर मेरे   18

19. गुज़रा वक़्त   19

20. रुत सुहानी   20

क्रम-सूची

21. जीतने की हुनर — 21
22. संयम — 22
23. हिफ़ाज़त — 23
24. इक अरसा — 24
25. इज़हार-ए-वफ़ा — 25
26. इशारों की बातें — 26
27. वफ़ा तो निभाते — 27
28. मुड़कर न देखा — 28
29. इश्क़ का रुतबा — 29
30. वादा न कर — 30
31. इश्क़ की गहरे बादल — 31
32. बेग़ैरत — 32
33. गुज़ारिश — 33
34. जात, पात, धर्म, मजहब — 34
35. किस हक़ से मांगू — 35
36. दिल गुनगुनाने लगा — 36
37. झूमे मन — 37
38. जंग की सुरुआत — 38
39. रूठने का हक़ — 39
40. काग़ज़ है कोरा — 40
41. आधा खली आधा भरा — 41
42. आरुषि — 42

क्रम-सूची

43. कर्मफल — 43

44. ख़ज़ाना-ए-किताब — 44

45. गुमनाम रहने दो — 45

46. प्यारा बंधन — 46

47. हसीन वादियाँ — 47

48. कल्पनाओ की उड़ान — 48

49. दिल का लगाना — 49

50. दोस्ती किताबों से — 50

51. कसौटी — 51

52. जान जाओगे तुम — 52

53. कुछ रिश्तें हैं — 53

54. लग जाऊँ गले — 54

55. अतीत — 55

56. लाज़वाब हो तुम — 56

57. बिन कहे — 57

58. प्यार में सौदा नहीं — 58

59. बेमतलब की मुलाकातें — 59

60. न जाने क्या — 60

61. दामन — 61

62. नामुमकिन — 62

63. पतवार — 63

64. नए साल का — 64

क्रम-सूची

65. नफ़रत-ए-जहाँ — 65

66. नीले छत्री के नीचे — 66

67. समझदार हो जाए — 67

68. धीर — 68

69. तेरा साथ — 69

70. उड़ान — 70

71. पनघट — 71

72. सकारात्मक उर्जा — 72

73. रफ़्तार — 73

74. किसी का इंतज़ार — 74

75. रंग-ए-शादमानी — 75

76. अखंड — 76

77. मिलने का बहाना — 77

78. चलेंगे संग-संग — 78

79. शहर की चकाचौंध — 79

80. मर्यादा का पाठ — 80

81. नासमझी — 81

82. सोच सोच कर यूँ — 82

83. ज़िंदगी के पन्ने — 83

84. सतरंगी दुनिया — 84

85. न जाने किधर गए — 85

86. अंतर्द्वंद — 86

क्रम-सूची

87. मन के काले — 87

88. तेरी करनी तू जाने — 88

89. कच्चे रिश्त — 89

90. समझौता — 90

91. लहरें — 91

92. एहतियात-ए-इश्क़ — 92

93. वीरान सी ज़िन्दगी — 93

94. यादगार मुसाफ़िर — 94

95. महकती साँसे — 95

96. निगाहें — 96

97. अंजान राह — 97

98. मैं और तुम — 98

99. यादों का सफ़र — 99

100. अधूरी कहानी — 100

अस्वीकरण — 101

लेखक की जीवनी — 103

भूमिका

पुस्तक में लेखक द्वारा लिखित हिंदी कविताएँ और शायरी शामिल हैं। इसमें कविताएं, शायरी और प्रेरणादायक उद्धरण शामिल हैं।

इस पुस्तक में लेखक द्वारा लिखी गई कुछ कविताएँ और शायरियाँ हैं जो प्रेम, प्रकृति और जीवन के सामान्य दैनिक पहलुओं पर आधारित हैं। कुछ प्रेरक प्रसंग भी हैं। प्यार में पाया गया प्यार, खोया हुआ प्यार और फिर से जगा हुआ प्यार शामिल है। इसी तरह, प्रकृति में प्रकृति का महत्व है और लोग बिना किसी दुष्प्रभाव के प्रकृति का अपने फायदे के लिए दुरुपयोग करते हैं। सामान्य में जीवन के सामान्य पहलू होते हैं जो लोगों और परिवेश के साथ चलते हैं।

पावती (स्वीकृति)

मैं अपने उन दोस्तों को धन्यवाद देना चाहता हूं जिन्होंने मुझे कविताएं और शायरी लिखने के लिए प्रेरित किया, जिसे मैं कहता था और भूल जाता था। मैं Your Quote प्लेटफॉर्म और उसके सभी सदस्यों और समूहों को भी धन्यवाद देना चाहता हूं जिन्होंने मुझे अनुगति दी और मुझे इसके मंच पर अपनी सामग्री लिखने के लिए प्रेरित किया। मैं नोशन प्रेस और उसके सभी सदस्यों को भी धन्यवाद देना चाहता हूं जिन्होंने मुझे अपनी सामग्री को अपने मंच और समय-समय पर मार्गदर्शन के माध्यम से प्रकाशित करने की अनुमति दी, जो उन्होंने मुझे मेरी त्रुटियों को ठीक करने के लिए दिया।

1. चमन

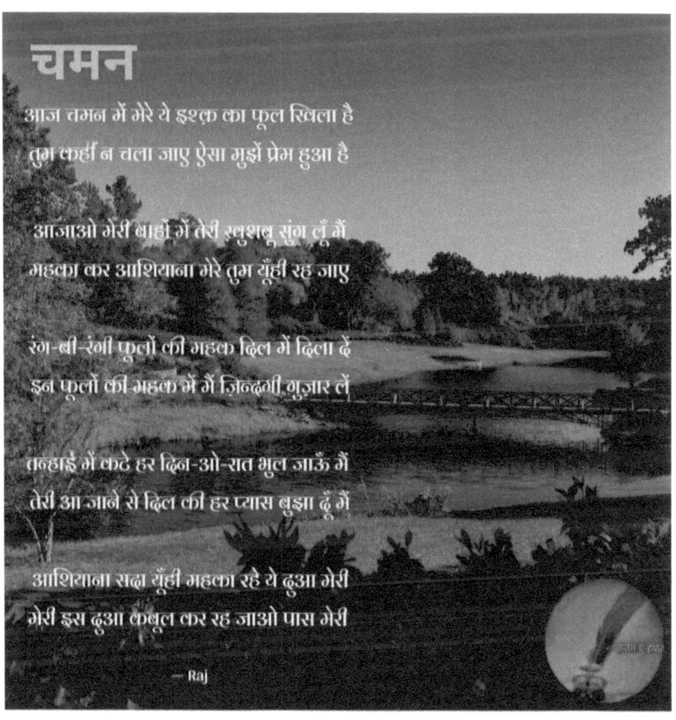

चमन

आज चमन में मेरे ये इश्क़ का फूल खिला है
तुम कहीं न चला जाए ऐसा मुझें प्रेम हुआ है

आजाओ मेरी बाहों में तेरी ख़ुशबू सूंघ लूँ मैं
महका कर आशियाना मेरे तुम यूँही रह जाए

रंग-बी-रंगी फूलों की महक दिल में दिला दें
इन फूलों की महक में मैं ज़िन्दगी गुज़ार लें

तन्हाई में कटे हर दिन-ओ-रात भूल जाऊँ मैं
तेरी आ जाने से दिल की हर प्यास बुझा दूँ मैं

आशियाना सदा यूँही महका रहे ये दुआ मेरी
मेरी इस दुआ कबूल कर रह जाओ पास मेरी

— Raj

2. ममता

ममता

आँचल ममता का जब है सरताज बना हुआ
तब कोई ग़म नहीं और ना ही कोई दर्द है वहाँ

जिसे ये सुःख मिले वो बनता है बादशाह यहाँ
जब ममता से बढ़कर ना है कोई मोहब्बत यहाँ

— Raj

3. बेख़बर ख़ुद से

बेख़बर ख़ुद से

अनजान सा सफ़र में साथी की तलाश रहा

यहाँ बेख़बर ख़ुद से होकर यूँ ही चलता रहा

ना जाने कब होगी मुलाक़ात ये सोचता रहा

सुबह से रात हुई इस बात से अनजान रहा

— Raj

4. अस्तित्व

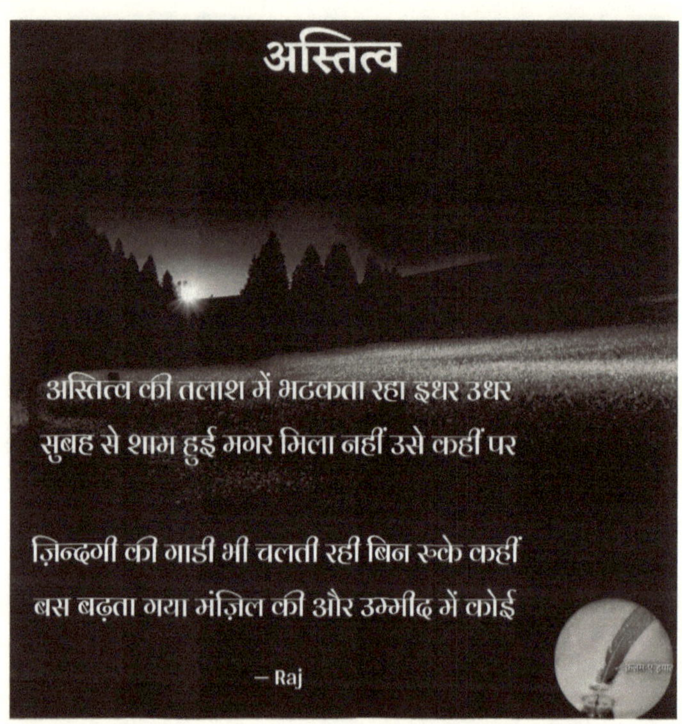

अस्तित्व
अस्तित्व की तलाश में भटकता रहा इधर उधर
सुबह से शाम हुई मगर मिला नहीं उसे कहीं पर

ज़िन्दगी की गाड़ी भी चलती रही बिन रुके कहीं
बस बढ़ता गया मंज़िल की और उम्मीद में कोई

— Raj

5. बारिशों की साज़िशें

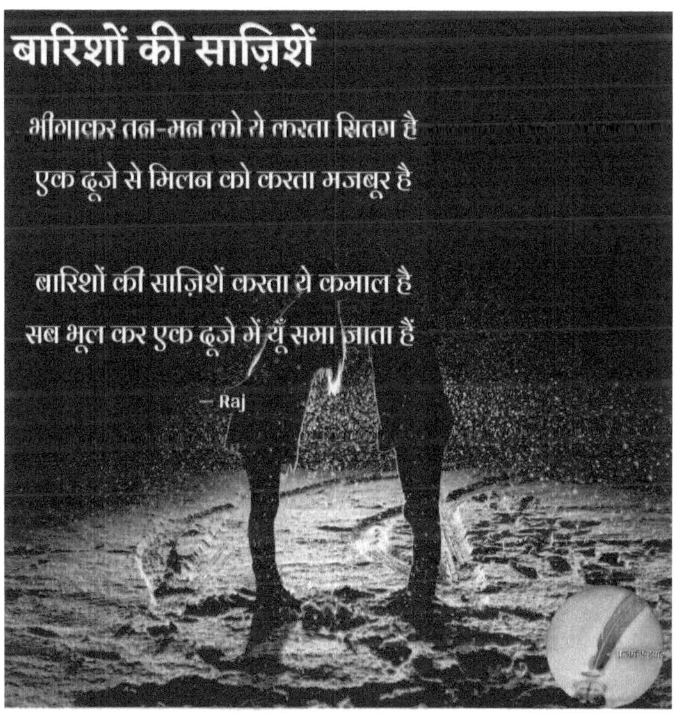

बारिशों की साज़िशें

भीगाकर तन-मन को ये करता सितग है
एक दूजे से मिलन को करता मजबूर है

बारिशों की साज़िशें करता ये कमाल है
सब भूल कर एक दूजे में यूँ समा जाता है

— Raj

6. तेरा इंतज़ार था

तेरा इंतज़ार था
चाहत का असर कुछ इस क़दर था
हर पल, हर वक़्त, तेरा इंतज़ार था

मिलन को तड़पे ये दिल बेक़रार था
यूँ जुदाई में तेरे, यहाँ जीना दुश्वर था

– Raj

7. व्यथित मन

व्यथित मन

चल रहा हूँ मुसाफिर मैं वीरान सी राह में

ना कोई साथी है बस तन्हा मेरा सफ़र हैं

जिसके लिए जीता रहा वो तन्हा छोड़ गए

दिल दर्द में डूबा और ये मेरा व्यथित मन है

— Raj

8. तेरा नशा

तेरा नशा

चढ़ गया है जेहन में बस तेरा नशा
इश्क़ में अब देखना क्या है तमाशा

इन तिलिस्मी आँखों में डूबना है मुझें
मदहोश होकर रहना है प्रेम की नशें में

— Raj

9. चट्टानों से टकराकर

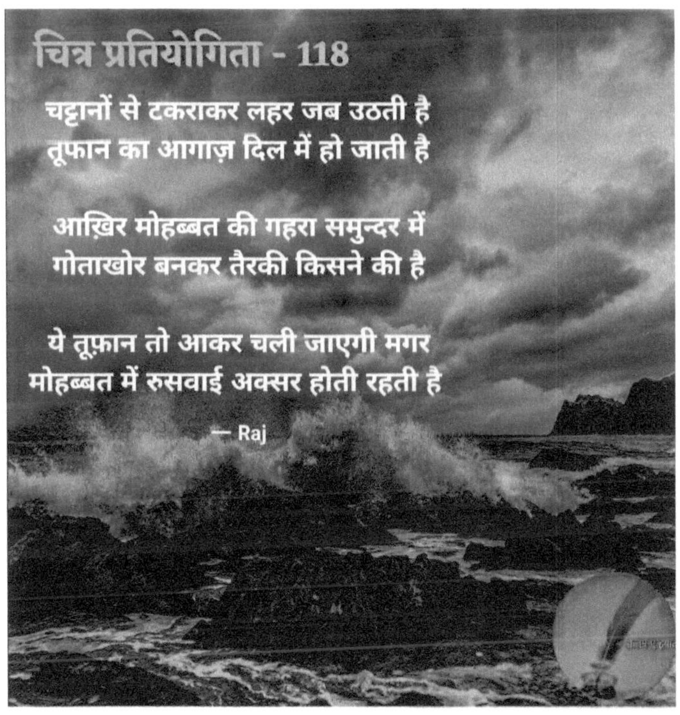

10. ख़ंजर

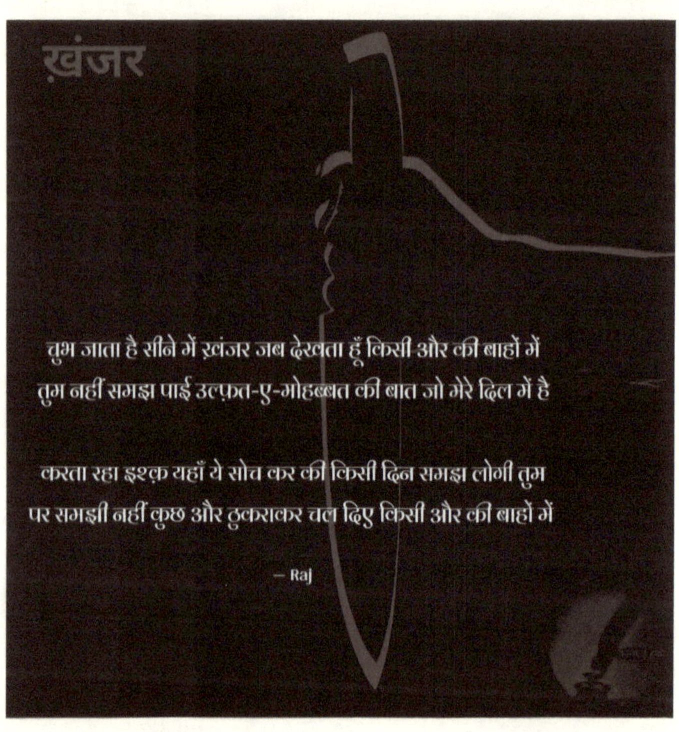
ख़ंजर

चुभ जाता है सीने में ख़ंजर जब देखता हूँ किसी और की बाहों में
तुम नहीं समझ पाई उल्फ़त-ए-मोहब्बत की बात जो मेरे दिल में है

करता रहा इश्क़ यहाँ ये सोच कर की किसी दिन समझ लोगी तुम
पर समझी नहीं कुछ और ठुकराकर चल दिए किसी और की बाहों में

— Raj

11. सतरंगी सपनें

सतरंगी सपनें

दिखा कर सतरंगी सपनें कही खो गये

देख कर मीठे सपनें हम यूँ ही सो गये

अब रहा बात उस सपने को पाने की

हकीकत में यहाँ कुछ कर गुज़र ने की

— Raj

12. इक तेरे सिवा

इक तेरे सिवा
दिखता वहीं ख्वाबों में मेरे इक तेरा चहरा
मुझे ना ज़हन में ख्याल भी इक तेरे सिवा

कहते है लोग यहाँ मुझे मोहब्बत हो गया
इश्क़ कर जाऊँ तो किस से इक तेरे सिवा

तुम मुझमे शामिल है यूँ कुछ मुझसे ज्यादा
ज्यादा वफ़ा का करूँ किस से इक तेरे सिवा

चाहता हूँ दिल से और चाहत हद से ज्यादा
नहीं जी पाऊंगा इस दुनिया में इक तेरे सिवा

आजाओ तुम मेरी ज़िन्दगी में बाहर बनकर
जहाँ पतझड़ में भी साथ नहीं इक तेरे सिवा

जीना नहीं है मुझे किसी और का साथ लेकर
सजदा कर पाँऊ और कुछ नहीं इक तेरे सिवा

— Raj

13. दिल-ए-बे-ज़ार

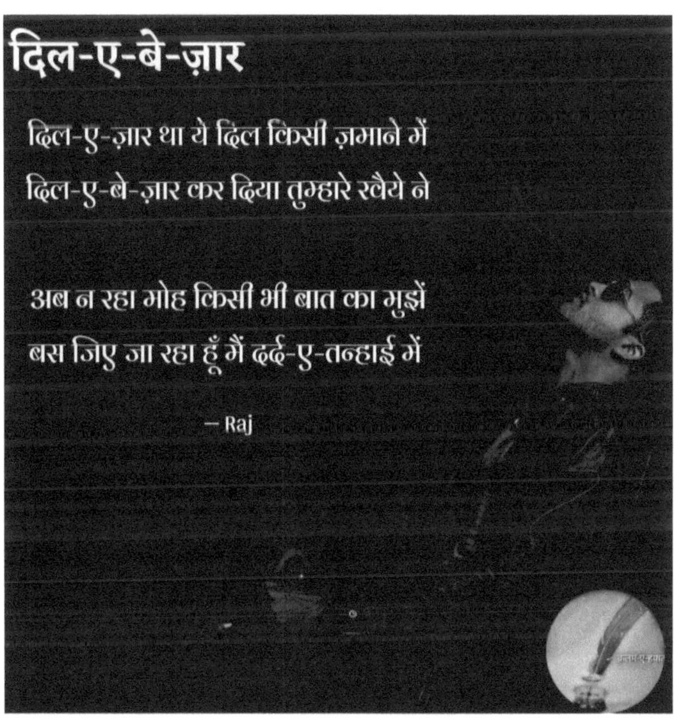

दिल-ए-बे-ज़ार

दिल-ए-ज़ार था ये दिल किसी ज़माने में
दिल-ए-बे-ज़ार कर दिया तुम्हारे ख़ैये ने

अब न रहा मोह किसी भी बात का मुझें
बस जिए जा रहा हूँ मैं दर्द-ए-तन्हाई में

— Raj

14. मासूम सवाल

मासूम सवाल

दिल में कहीं मासूम सवाल उमड़ते रह गए
पूछना था मुझें कुछ मगर कुछ और पूछ बैठे

न जाने कैसे बताऊँ उसे मोहब्बत कर बैठे हैं
वो समझें या ना समझें हम तो उस पर मरते हैं

– Raj

15. दिल-ओ-दिमाग़

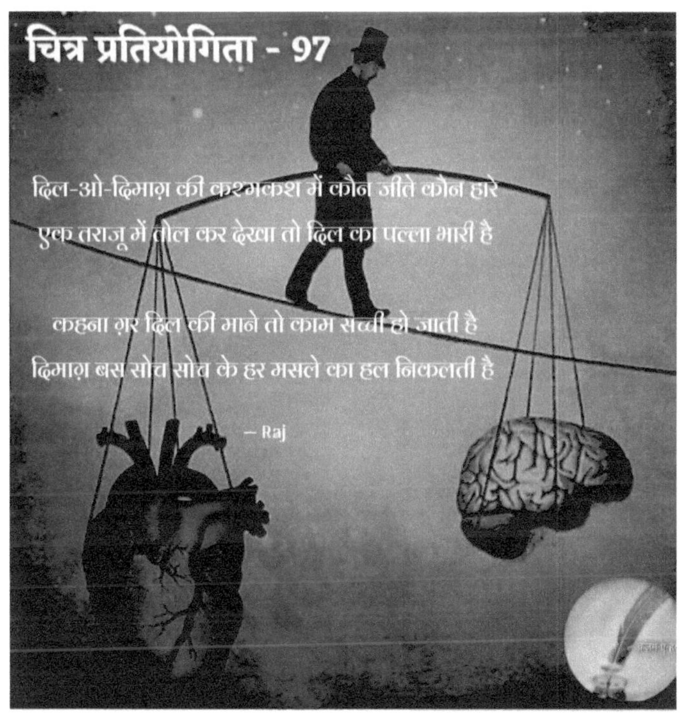

चित्र प्रतियोगिता - 97
दिल-ओ-दिमाग़ की कश्मकश में कौन जीते कौन हारे
एक तराजू में तोल कर देखा तो दिल का पल्ला भारी है
कहना गर दिल की माने तो काम सच्ची हो जाती है
दिमाग़ बस सोच सोच के हर मसले का हल निकलती है
— Raj

16. दुनिया की भीड़

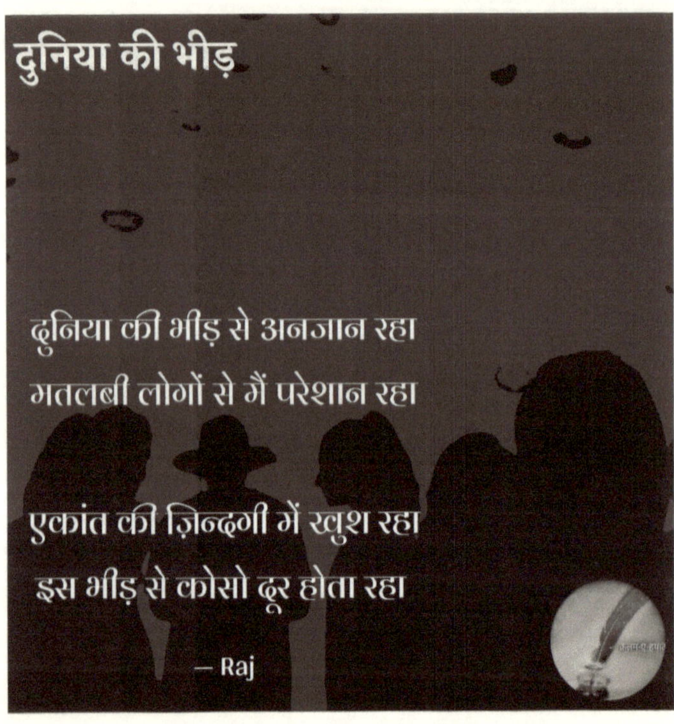

दुनिया की भीड़

दुनिया की भीड़ से अनजान रहा
मतलबी लोगों से मैं परेशान रहा

एकांत की ज़िन्दगी में खुश रहा
इस भीड़ से कोसो दूर होता रहा

— Raj

17. राहगीर

राहगीर

एक राहगीर हूँ मैं मेरा न हैं कोई ठिकाना
जैसा आया था मैं वैसा ही है मुझे जाना

जी रहा हूँ पल दो पल ख़ुशियाँ है मुझे पाना
जाने किस गली, किस डगर पर साकार होगा

— Raj

18. तकदीर मेरे

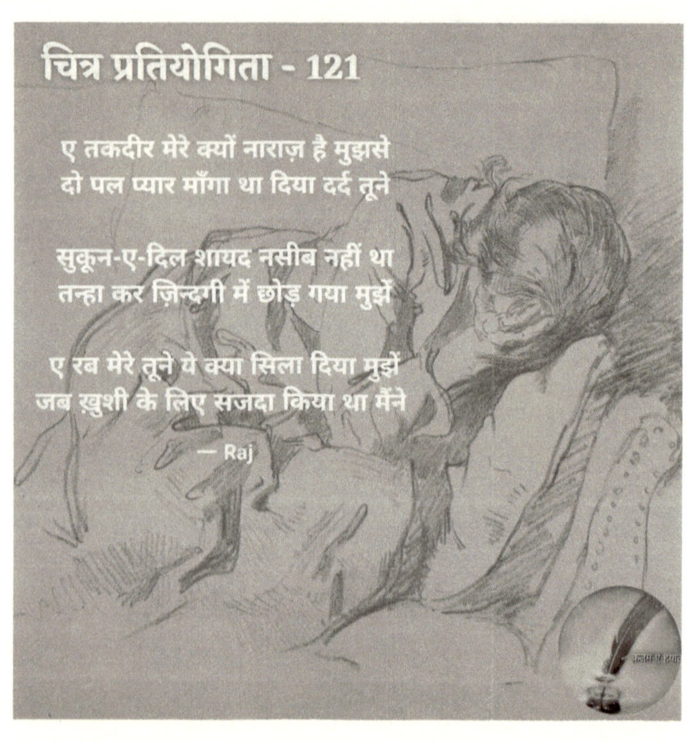

चित्र प्रतियोगिता - 121
ए तकदीर मेरे क्यों नाराज़ है मुझसे
दो पल प्यार माँगा था दिया दर्द तूने
सुकून-ए-दिल शायद नसीब नहीं था
तन्हा कर ज़िन्दगी में छोड़ गया मुझे
ए रब मेरे तूने ये क्या सिला दिया मुझे
जब ख़ुशी के लिए सजदा किया था मैंने
— Raj

19. गुज़रा वक़्त

गुज़रा वक़्त
गुज़रा वक़्त फिर से वापस नहीं आता
ज़हन में बस याद बनकर यूँही रह जाता

ये यादें भी हर्गे हर पल बहुत है सताता
बस आने वाला पल का इंतजार रहता

— Raj

20. रुत सुहानी

रुत सुहानी

गया अब मौसम सर्दी का और आया रुत सुहानी
आजाओ मेरी ज़िन्दगी में लेकर फूलों की कहानी

छाया चारों और ये खूबसूरत सी फसलें लहराती
बड़ा दिलकश नज़ारा है ये रहता मन को लुभाती

— Raj

21. जीतने की हुनर

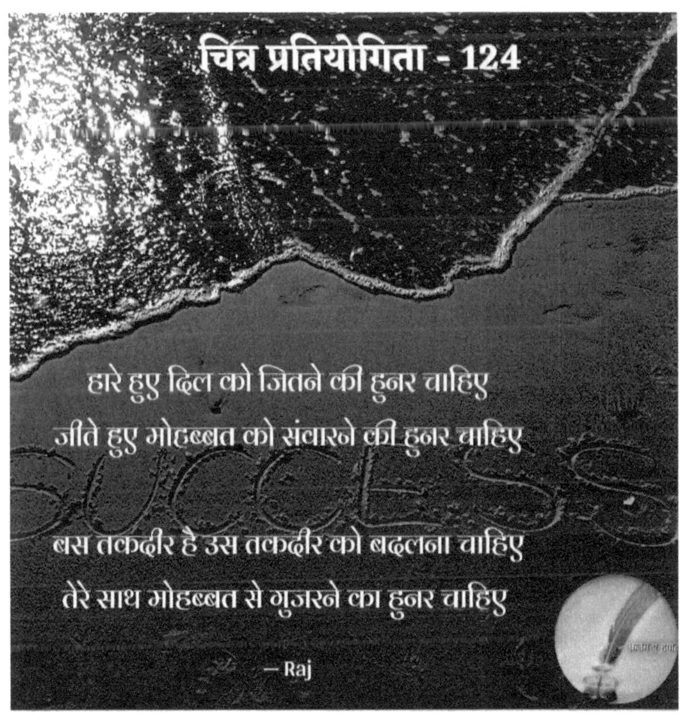

चित्र प्रतियोगिता - 124
हारे हुए दिल को जितने की हुनर चाहिए
जीते हुए मोहब्बत को संवारने की हुनर चाहिए
बस तकदीर है उस तकदीर को बदलना चाहिए
तेरे साथ मोहब्बत से गुजरने का हुनर चाहिए
— Raj

22. संयम

संयम

हिंसा ग़र चाहों तो शोर-ओ-गुल करो
शांति ग़र चाहों तो धीर-ओ-संयम धरो

अशांत है माहौल, हैं हिंसा से भरा हुआ
जहाँ देखों नफ़रत की झंडा हैं गडा हुआ

आहिंसा का कहीं नमो-निशान दिखा नहीं
बस हैं दुनिया में सिर्फ हिंसा फैला हुआ

शांति की बातें बहुत करते हैं लोग जहाँ
जब गुज़रे उनपर हतियार उठाते है वहाँ

भूल जाते हैं आहिंसा का पाठ लोग जहाँ
हिंसक बन जाता भूलकर उसूलों को वहाँ

सब जानते हैं जंग से कुछ हासिल नहीं
फिर भी लड़ पड़ते हैं फ़िज़ूल में यहाँ

— Raj

23. हिफ़ाज़त

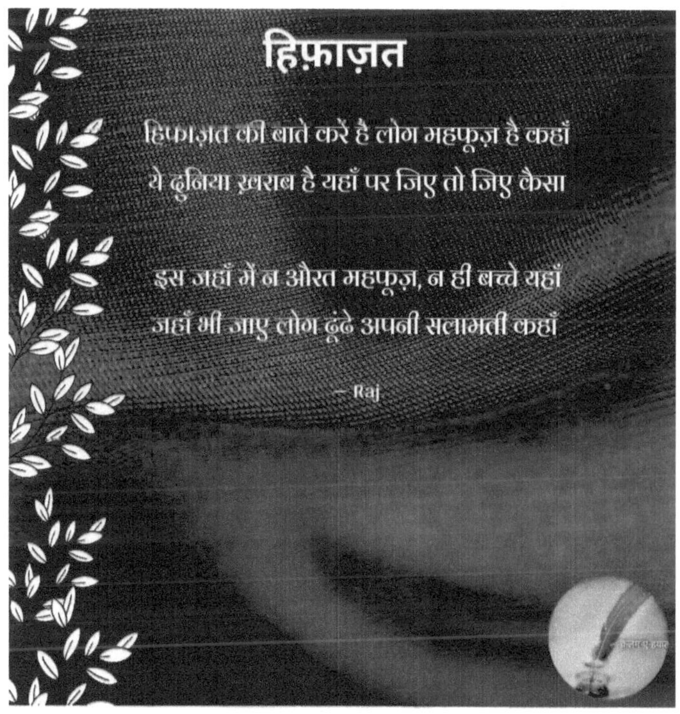

हिफ़ाज़त

हिफ़ाज़त की बातें करें है लोग महफ़ूज़ है कहाँ
ये दुनिया ख़राब है यहाँ पर जिए तो जिए कैसा

इस जहाँ में न औरत महफ़ूज़, न ही बच्चे यहाँ
जहाँ भी जाए लोग ढूंढे अपनी सलामती कहाँ

— Raj

24. इक अरसा

इक अरसा

इक अरसा बीत गए हम-तुम बिछड़े हुए
मोहब्बत में दो राही दो राह में चलते हुए

इंतजार है आज भी मुझें तेरे लौट आने की
राह ताकता खड़ा हूँ मैं तुम्हें फ़िर से पाने की

— Raj

25. इज़हार-ए-वफ़ा

इज़हार-ए-वफ़ा

इक़रार कर मोहब्बत को इज़हार-ए-वफ़ा चाहता हूँ

तू कहे तो इश्क़ में उस आसमान से तारे तोड़ आऊँ

वफ़ा निभाकर मैं अपने मोहब्बत में सतरंग भर दूँ

इश्क़ की इन रंगों में डूबकर मैं नई दुनिया सजा दूँ

— Raj

26. इशारों की बातें

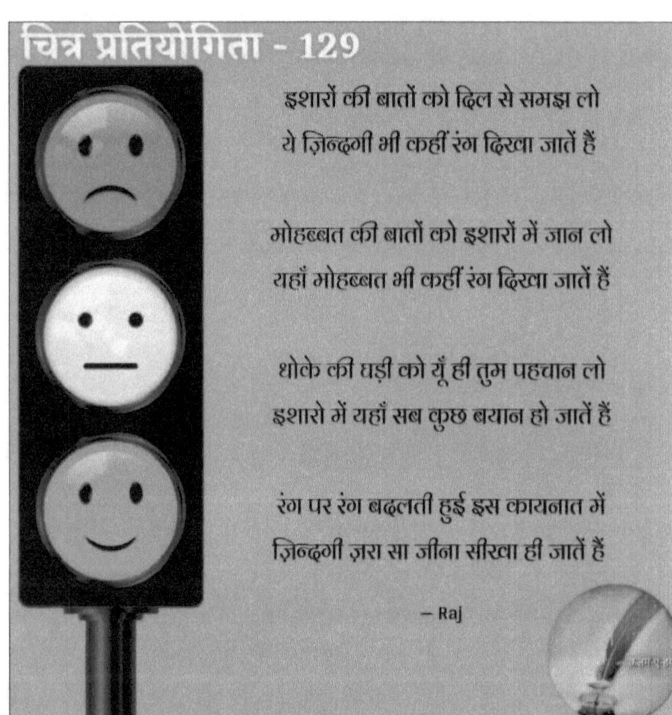

चित्र प्रतियोगिता – 129
इशारों की बातों को दिल से समझ लो
ये ज़िन्दगी भी कहीं रंग दिखा जातें हैं

मोहब्बत की बातों को इशारों में जान लो
यहाँ मोहब्बत भी कहीं रंग दिखा जातें हैं

धोके की घड़ी को यूँ ही तुम पहचान लो
इशारो में यहाँ सब कुछ बयान हो जातें हैं

रंग पर रंग बदलती हुई इस कायनात में
ज़िन्दगी ज़रा सा जीना सीखा ही जातें हैं

– Raj

27. वफ़ा तो निभाते

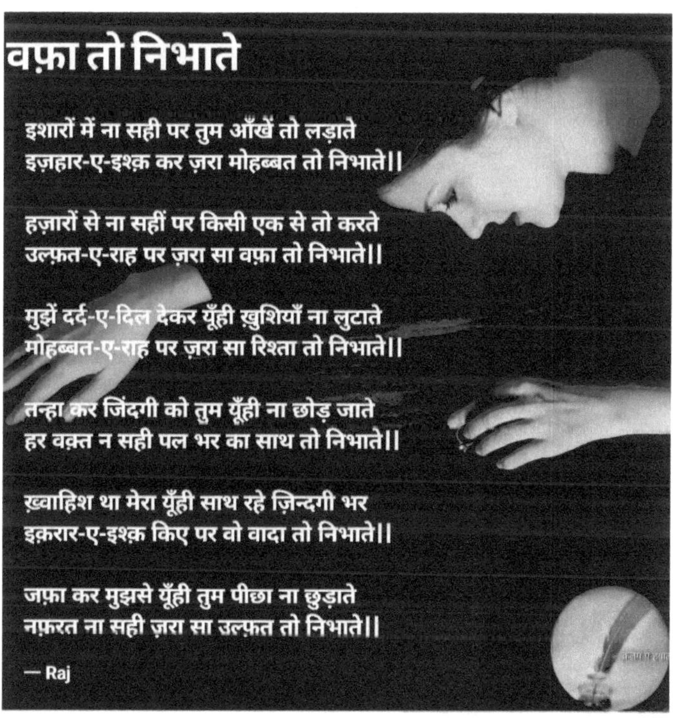

वफ़ा तो निभाते

इशारों में ना सही पर तुम आँखें तो लड़ाते
इज़हार-ए-इश्क़ कर ज़रा मोहब्बत तो निभाते।।

हज़ारों से ना सहीं पर किसी एक से तो करते
उल्फ़त-ए-राह पर ज़रा सा वफ़ा तो निभाते।।

मुझें दर्द-ए-दिल देकर यूँही खुशियाँ ना लुटाते
मोहब्बत-ए-राह पर ज़रा सा रिश्ता तो निभाते।।

तन्हा कर जिंदगी को तुम यूँही ना छोड़ जाते
हर वक़्त न सही पल भर का साथ तो निभाते।।

ख़्वाहिश था मेरा यूँही साथ रहे ज़िन्दगी भर
इक़रार-ए-इश्क़ किए पर वो वादा तो निभाते।।

जफ़ा कर मुझसे यूँही तुम पीछा ना छुड़ाते
नफ़रत ना सही ज़रा सा उल्फ़त तो निभाते।।

— Raj

28. मुड़कर न देखा

मुड़कर न देखा
इश्क़ भी बेशुमार था ख़ुश भी बहुत थी
फ़िर न जाने क्या हुआ अलविदा कह गई

उल्फ़त-ए-इश्क़ में दर्द-ए-दिल भी हुआ
उसे आवाज़ भी दी पर वो मुड़कर न देखा
— Raj

29. इश्क़ का रुतबा

इश्क़ का रूतबा
इश्क़ ही ख़ुदा है इश्क़ ही इबादत
तुम नहीं होते तो क्या होता हालत
ऊँचा है सबसे ये इश्क़ का रूतबा
करके मोहब्बत बन जाओ साहिबा
— Raj

30. वादा न कर

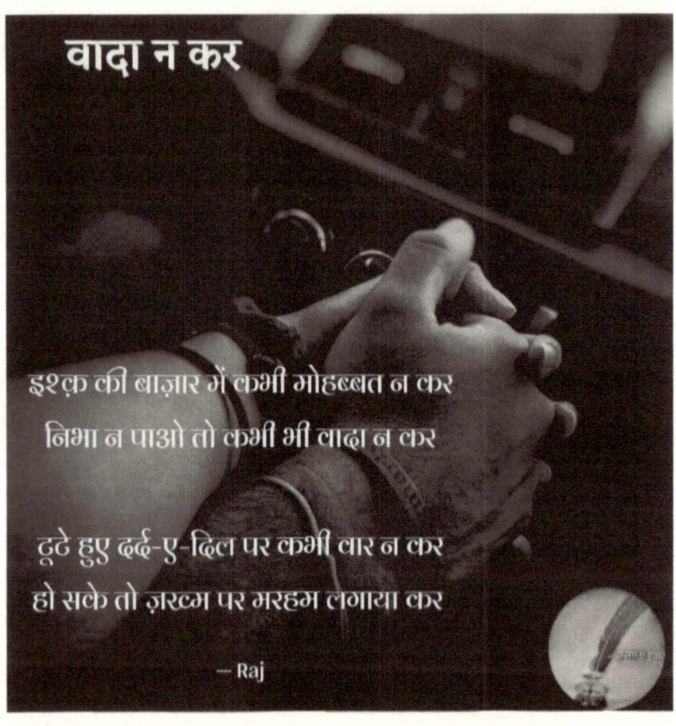

वादा न कर

इश्क़ की बाज़ार में कभी मोहब्बत न कर
निभा न पाओ तो कभी भी वादा न कर

टूटे हुए दर्द-ए-दिल पर कभी वार न कर
हो सके तो ज़ख्म पर मरहम लगाया कर

— Raj

31. इश्क़ की गहरे बादल

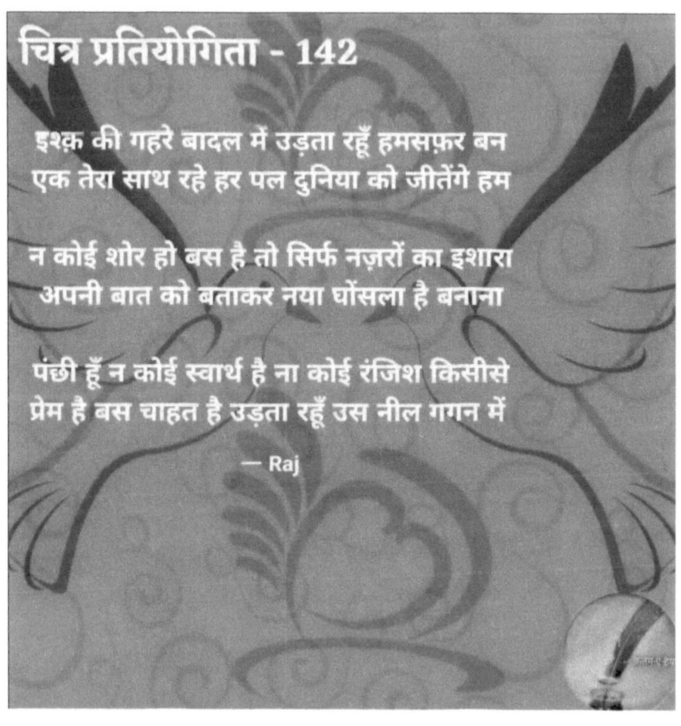

32. बेग़ैरत

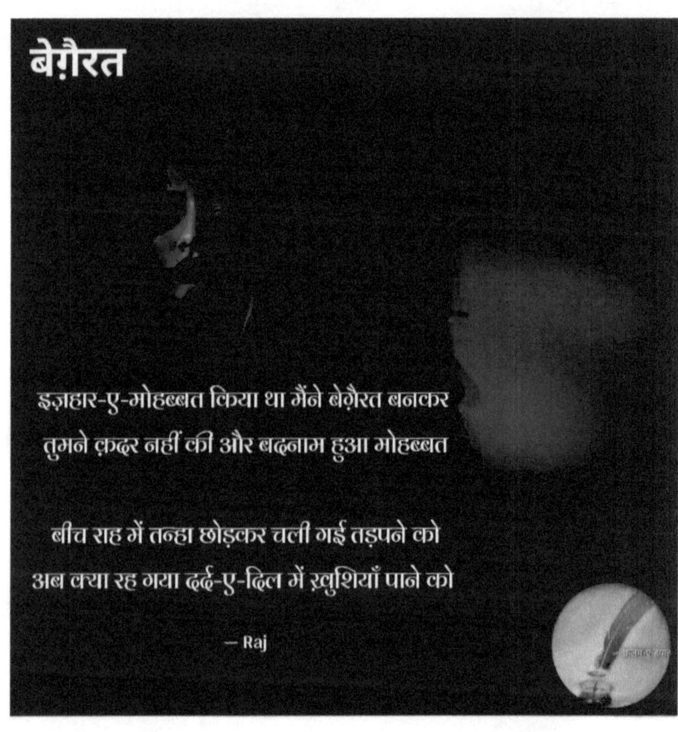

बेग़ैरत

इज़हार-ए-मोहब्बत किया था मैंने बेग़ैरत बनकर
तुमने क़द्र नहीं की और बदनाम हुआ मोहब्बत

बीच राह में तन्हा छोड़कर चली गई तड़पने को
अब क्या रह गया दर्द-ए-दिल में ख़ुशियाँ पाने को

— Raj

33. गुज़ारिश

गुज़ारिश
इज़हार-ए-मोहब्बत कर लिया है उल्फत में तुमसे
इक़रार कर के कबूल कर लेना यह मोहब्बत मेरे

दुआ कर सलामती इश्क़ का सजदे कर लिया मैंने
गुज़ारिश है दिल तोड़ कर दर्द न दें जाना अब मुझें
— Raj

34. जात, पात, धर्म, मजहब

चित्र प्रतियोगिता - 148

जात, पात, धर्म, मजहब सब इन्सान का देन है
कुछ रंग है काला यहाँ तो कुछ रंग सफ़ेद है

गोरे-काले की चक्कर में ना पड़ो तुम ऐ इन्सान
सब इन्सान है यहाँ ये रंग तो भगवान की देन हैं

मिलजुलकर रहोगे तो शांति पाओगे तुम लोग यहाँ
नहीं तो जंग, नफ़रत और मार-पीठ पाओगे यहाँ

जंग और नफ़रत से हासिल कुछ नहीं होता है जनाब
प्रेम और शांति से ही सब कुछ हासिल होता है यहाँ

जब उपरवाले ने पैदा करते वक़्त फरक़ नहीं किए
हम कौन होते हैं फरक़ कर दिल को बाटने वाले यहाँ

— Raj

35. किस हक़ से मांगू

किस हक़ से मांगू

जब साथ ही न मिला तेरा किस हक़ से मांगू तुम्हें

जब ये दिल ही न रहा मेरा किस हक़ से चाहूँ तुम्हें

बेपनाह मोहब्बत है तुमसे बस करता ही रहूँगा मैं

दुआ करता हूँ हर पल ख़ुदा से सदा ख़ुश रखें तुम्हें

— Raj

36. दिल गुनगुनाने लगा

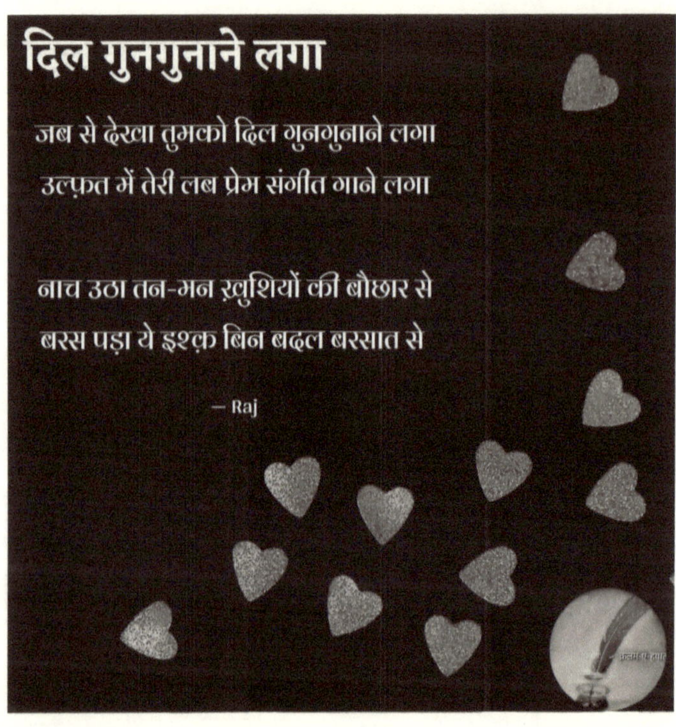

37. झूमे मन

झूमे मन
झूमे मन साजन को देखकर
नाचे तन ख़ुशियों से बहलकर
गाता है दिल प्रेम संगीत सुनकर
तेज होता है धड़कन मोह में अक्सर
— Raj

38. जंग की सुरुआत

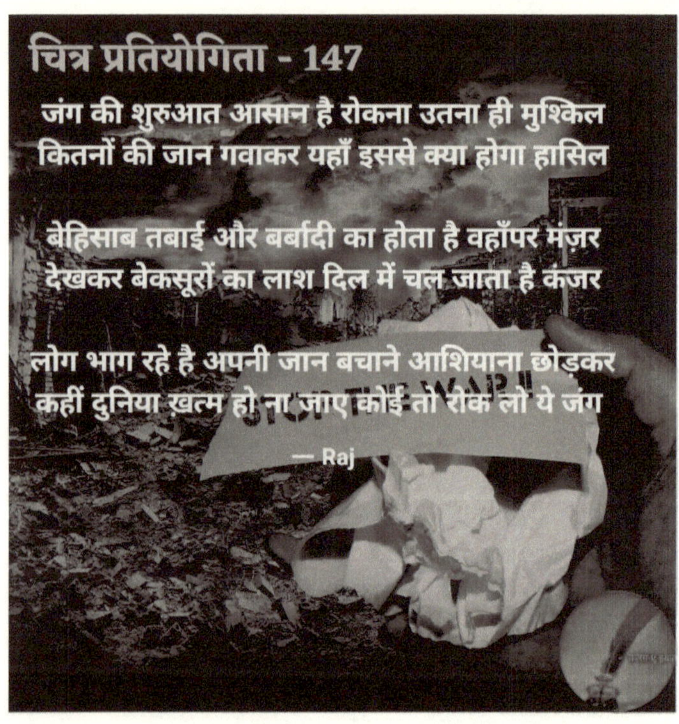

चित्र प्रतियोगिता - 147
जंग की शुरुआत आसान है रोकना उतना ही मुश्किल
कितनों की जान गवाकर यहाँ इससे क्या होगा हासिल

बेहिसाब तबाई और बर्बादी का होता है वहाँपर मंज़र
देखकर बेकसूरों का लाश दिल में चल जाता है कंजर

लोग भाग रहे है अपनी जान बचाने आशियाना छोड़कर
कहीं दुनिया ख़त्म हो ना जाए कोई तो रोक लो ये जंग

— Raj

39. रूठने का हक़

रूठने का हक़

जता कर अपनी इश्क़ को खफ़ा हो बैठे है
रूठने का हक़ है पर वजह तो बतलाये हमें

तुमको मनाने की कोशिश भी कैसे हम करें
जब पता ही ना हो किस वजह से खफ़ा है

— Raj

40. कागज़ है कोरा

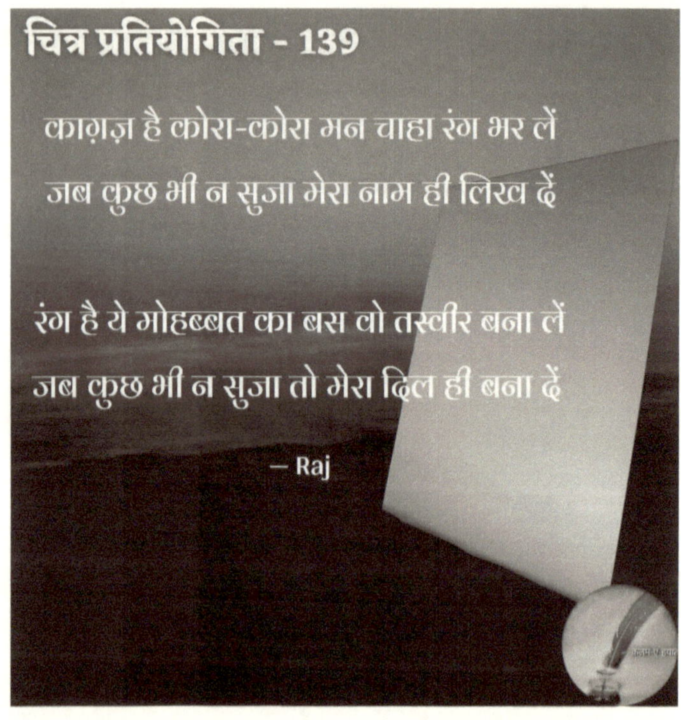

चित्र प्रतियोगिता - 139

कागज़ है कोरा-कोरा मन चाहा रंग भर लें

जब कुछ भी न सुजा मेरा नाम ही लिख दें

रंग है ये मोहब्बत का बस वो तस्वीर बना लें

जब कुछ भी न सुजा तो मेरा दिल ही बना दें

— Raj

41. आधा खली आधा भरा

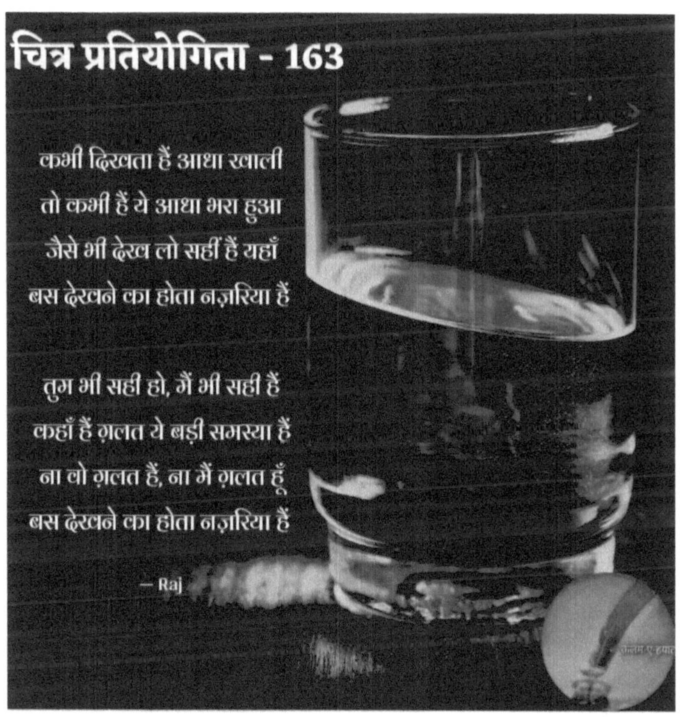

चित्र प्रतियोगिता - 163
कभी दिखता है आधा खाली
तो कभी है ये आधा भरा हुआ
जैसे भी देख लो सही है यहाँ
बस देखने का होता नज़रिया है

तुम भी सही हो, मैं भी सही हैं
कहाँ है ग़लत ये बड़ी समस्या है
ना वो ग़लत हैं, ना मैं ग़लत हूँ
बस देखने का होता नज़रिया है

— Raj

42. आरुषि

आरुषि

खिल जाता है सवेरा आरुषि की लालिमा से
नई ऊर्जा से उज्वलित है और नई शुरुआत है

शब को खत्म कर फ़िर से किरणों का आगमन है
जहाँ पर हर नकारात्मक ऊर्जा का अंत निश्चित है

खूबसूरत है वो मंज़र जब पहली किरण आता है
इस दिल में और ज़ेहन में नई उमंग भर देता है

— Raj

43. कर्मफल

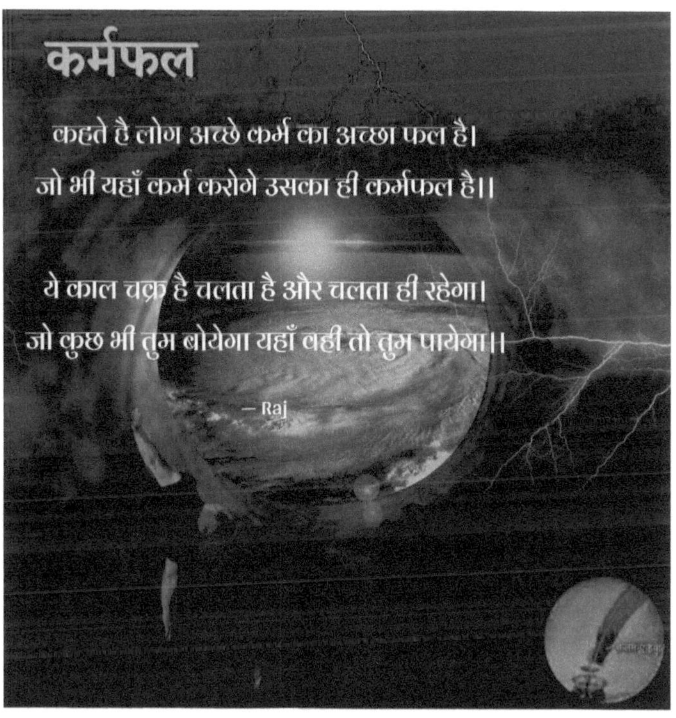

कर्मफल

कहते है लोग अच्छे कर्म का अच्छा फल है।
जो भी यहाँ कर्म करोगे उसका ही कर्मफल है।।

ये काल चक्र है चलता है और चलता ही रहेगा।
जो कुछ भी तुम बोयेगा यहाँ वही तो तुम पायेगा।।

— Raj

44. ख़ज़ाना-ए-किताब

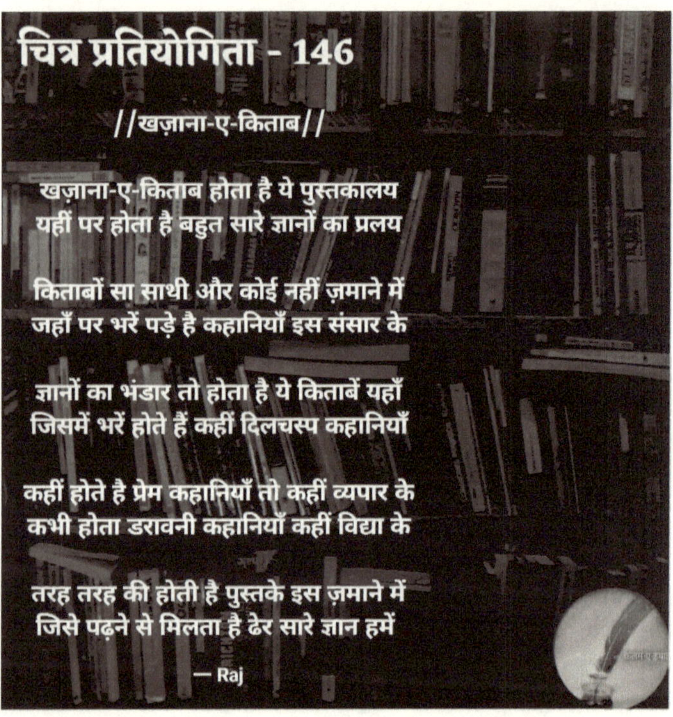

चित्र प्रतियोगिता - 146

//ख़ज़ाना-ए-किताब//

ख़ज़ाना-ए-किताब होता है ये पुस्तकालय
यहीं पर होता है बहुत सारे ज्ञानों का प्रलय

किताबों सा साथी और कोई नहीं ज़माने में
जहाँ पर भरें पड़े है कहानियाँ इस संसार के

ज्ञानों का भंडार तो होता है ये किताबें यहाँ
जिसमें भरें होते हैं कहीं दिलचस्प कहानियाँ

कहीं होते है प्रेम कहानियाँ तो कहीं व्यपार के
कभी होता डरावनी कहानियाँ कहीं विद्या के

तरह तरह की होती है पुस्तके इस ज़माने में
जिसे पढ़ने से मिलता है ढेर सारे ज्ञान हमें

— Raj

45. गुमनाम रहने दो

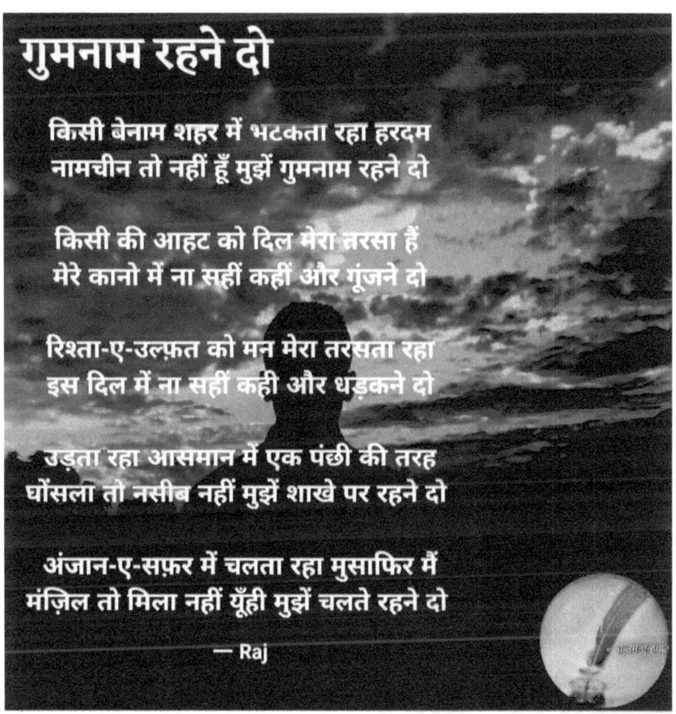

गुमनाम रहने दो

किसी बेनाम शहर में भटकता रहा हरदम
नामचीन तो नहीं हूँ मुझें गुमनाम रहने दो

किसी की आहट को दिल मेरा तरसा हैं
मेरे कानो में ना सहीं कहीं और गूंजने दो

रिश्ता-ए-उल्फ़त को मन मेरा तरसता रहा
इस दिल में ना सहीं कही और धड़कने दो

उड़ता रहा आसमान में एक पंछी की तरह
घोंसला तो नसीब नहीं मुझें शाखे पर रहने दो

अंजान-ए-सफ़र में चलता रहा मुसाफिर मैं
मंज़िल तो मिला नहीं यूँही मुझें चलते रहने दो

— Raj

46. प्यारा बंधन

प्यारा बंधन

कितना हँसीन और कितना प्यारा बंधन है ये
हम तुम मिलें और बातें यूँ ही ढेर सारे किये।।

चमकता रहे और रोशन रहें ये मिलन हमारा
सदा यूँ ही चलता रहे और बढ़ता रहे बंधन हमारा।।

— Raj

47. हसीन वादियाँ

हसीन वादियाँ
कितना ख़ूबसूरत समा और ये हसीन वादियाँ
माहौल फ़रमान-ए-इश्क़ की और तुम हो जहाँ

नीले छतरी के नीचे कायनात का हसीन करिश्मा
उल्फ़त-ए-इश्क़ में तेरी ये दिल मेरा बहका हुआ

—Raj

48. कल्पनाओ की उड़ान

49. दिल का लगाना

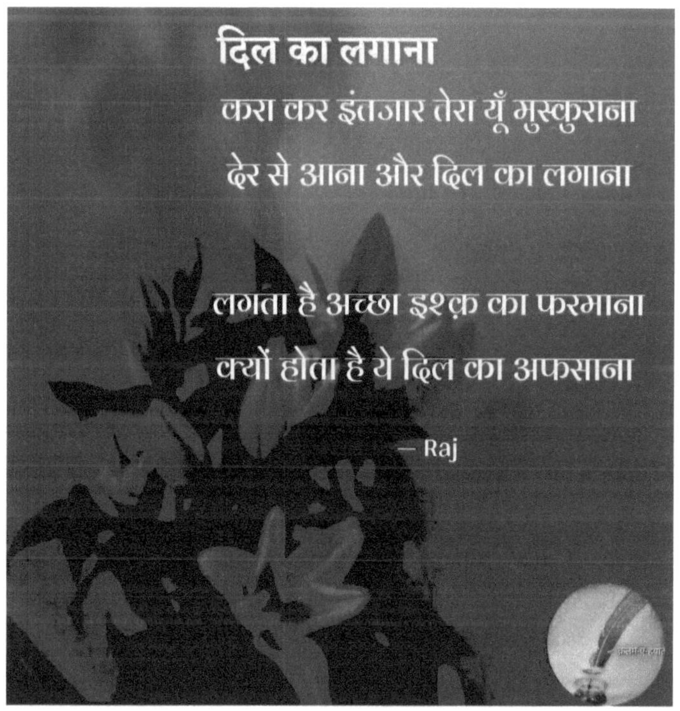

दिल का लगाना
करा कर इंतजार तेरा यूँ मुस्कुराना
देर से आना और दिल का लगाना

लगता है अच्छा इश्क़ का फरमाना
क्यों होता है ये दिल का अफसाना

— Raj

50. दोस्ती किताबों से

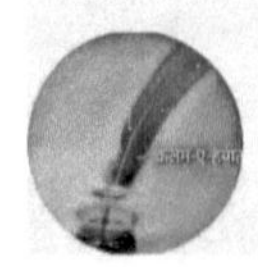

करके ढोस्ती किताबों से जिंदगी संवर ली मैंने

वफ़ा-ए-मोहब्बत किताबों जैसे कोई नहीं दुनिया में

न कोई धोके का डर बस है ये ज्ञान का बवंडर

न साथ छूटने का डर बस हर पल होता है ये संग

— Raj

51. कसौटी

कसौटी

कसौटी ज़िन्दगी का यूँ ही चलता रहेगा

जो जीता वही यहाँ सिकंदर कहलाएगा

चलता रहें हर मोड़ पर हौसला बुलंद कर

फ़तेह न सही पर शिकस्त न मानो कहीं पर

— Raj

52. जान जाओगे तुम

जान जाओगे तुम
कुछ कमियाँ होती है इन्सानों में, कुछ होती है रिश्तेदारी में
बिन सोचे समझें यूँ ही छोड़ जाना कोई बड़ी बात नहीं है
थोड़ा सा दर्द होता है कभी, थोड़ी सी आँसू बहती है कभी
उल्फ़त-ए-इश्क़ की अहमियत एक दिन जान जाओगे तुम
— Raj

53. कुछ रिश्तें हैं

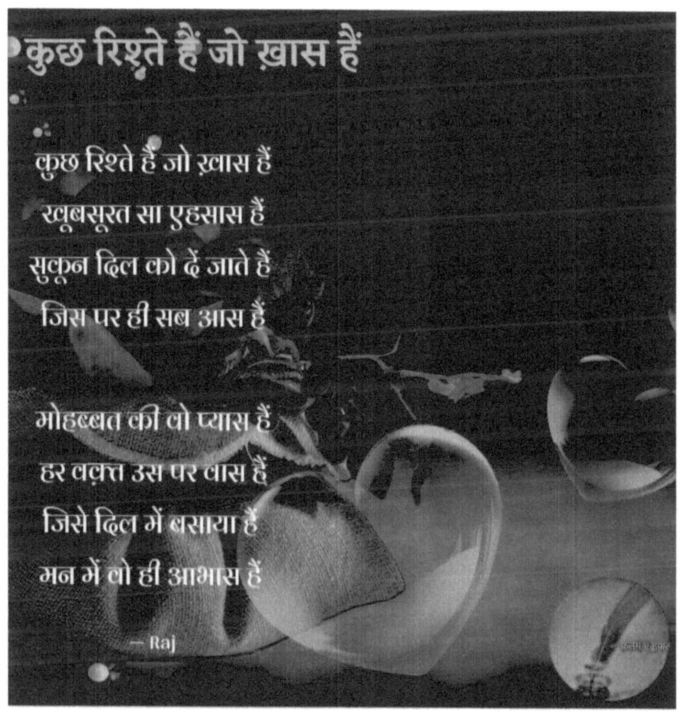

कुछ रिश्ते हैं जो ख़ास हैं

कुछ रिश्ते हैं जो ख़ास हैं
खूबसूरत सा एहसास हैं
सुकून दिल को दें जाते हैं
जिस पर ही सब आस हैं

मोहब्बत की वो प्यास हैं
हर वक़्त उस पर वास हैं
जिसे दिल में बसाया है
मन में वो ही आभास हैं

— Raj

54. लग जाऊँ गले

चित्र प्रतियोगिता - 141
लग जाऊँ गले से तेरे बस यही अरमान है
भर लूँ बाहों में तुझें और ढेर सारा प्यार मिले

चाहत है बस चाहता रहूँ तुम्हें उम्र भर यूँ ही
ख़्वाहिश है दिल की मेरे बना लूँ अपना तुझें

— Raj

55. अतीत

अतीत

मेरे अतीत के पन्नों पर तेरा ही नाम लिखा है
मोहब्बत में हर पल मुझें तेरी याद दिलाता है

कितना भी चाहें भूल जाऊँ पर भुला नहीं पाए
ऐसे छाप गया निशान जिसे कोई मिटा न पाए

— Raj

56. लाज़वाब हो तुम

लाज़वाब हो तुम
मेरे दिल में बजती संगीत हो तुम
उल्फ़त-ए-इश्क़ की ग़ज़ल हो तुम

दिल जिसे चाहे ऐसी मूरत हो तुम
क्या बताये कितनी लाज़वाब हो तुम

— Raj

57. बिन कहे

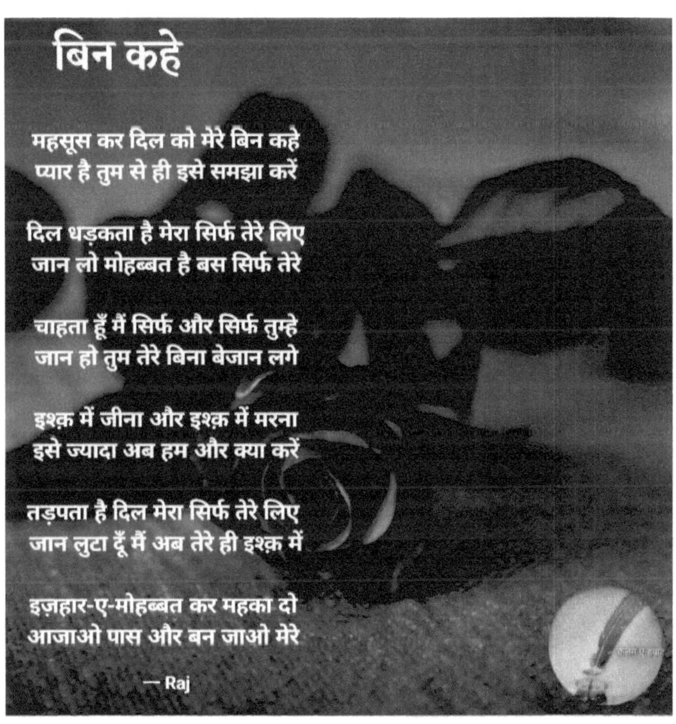

बिन कहे

महसूस कर दिल को मेरे बिन कहे
प्यार है तुम से ही इसे समझा करें

दिल धड़कता है मेरा सिर्फ तेरे लिए
जान लो मोहब्बत है बस सिर्फ तेरे

चाहता हूँ मैं सिर्फ और सिर्फ तुम्हे
जान हो तुम तेरे बिना बेजान लगे

इश्क़ में जीना और इश्क़ में मरना
इसे ज्यादा अब हम और क्या करें

तड़पता है दिल मेरा सिर्फ तेरे लिए
जान लुटा दूँ मैं अब तेरे ही इश्क़ में

इज़हार-ए-मोहब्बत कर महका दो
आजाओ पास और बन जाओ मेरे

— Raj

58. प्यार में सौदा नहीं

प्यार में सौदा नहीं

मोहब्बत बेहिसाब है ये मना यारा

प्यार में सौदा नहीं ये भी जाना यारा

सौदा कौन करें हैं ये देखकर जाना यारा

इश्क है सौदा नहीं तुम हो सब से प्यारा

— Raj

59. बेमतलब की मुलाकातें

60. न जाने क्या

न जाने क्या
मुलाक़ात हुई और आँखें चार हुई
फिर न जाने क्या ऐसी बात हुई

दिल में कुछ ऐसा वो काम कर गई
छोड़कर तन्हा मुझको वो चली गई

— Raj

61. दामन

दामन

ना छोड़ूंगा तेरा दामन उम्र भर ये वादा रहा

मिले ना मिले तुम से मोहब्बत करता रहा

आजाओ पास मेरे पल भर के लिए ही सही

छोड़ूंगा ना साथ तेरा उम्र भर ये जुबान रहा

— Raj

62. नामुमकिन

चित्र प्रतियोगिता - 113
im possible
नामुमकिन को मुमकिन कर दें ऐसा कोई हुनर हो
हौसला अपना बुलंद कर के सब मुमकिन कर दो

कहते कुछ लोग यहाँ कभी ये असंभव हैं कभी वो
कुछ भी असंभव नहीं यहाँ और सब कुछ संभव हो

— Raj

63. पतवार

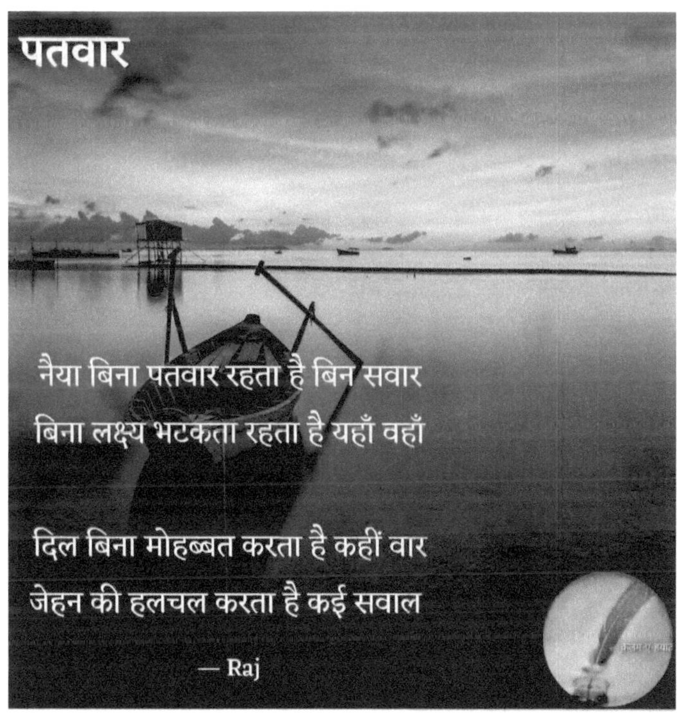

पतवार
नैया बिना पतवार रहता है बिन सवार
बिना लक्ष्य भटकता रहता है यहाँ वहाँ
दिल बिना मोहब्बत करता है कहीं वार
जेहन की हलचल करता है कई सवाल
— Raj

64. नए साल का

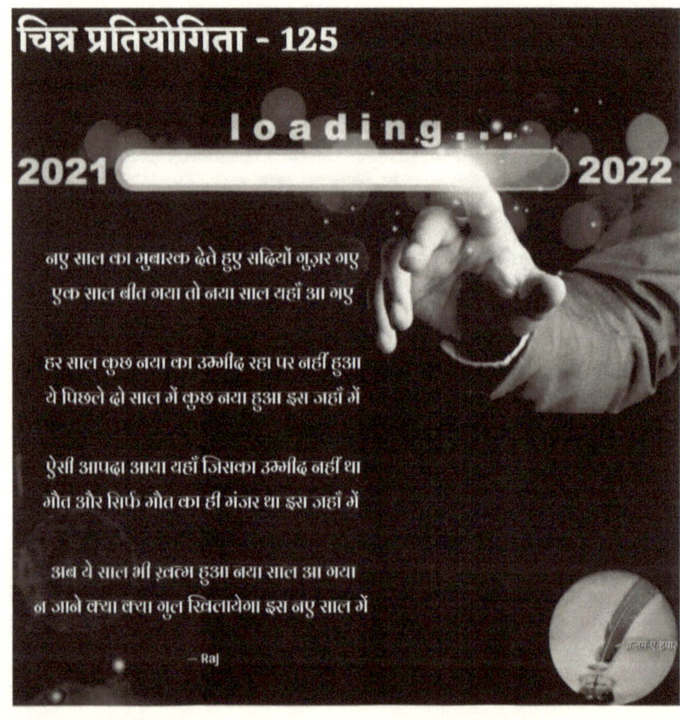

चित्र प्रतियोगिता - 125
loading...
2021
2022
नए साल का मुबारक देते हुए सदियों गुज़र गए
एक साल बीत गया तो नया साल यहाँ आ गए

हर साल कुछ नया का उम्मीद रहा पर नहीं हुआ
ये पिछले दो साल में कुछ नया हुआ इस जहाँ में

ऐसी आपदा आया यहाँ जिसका उम्मीद नहीं था
मौत और सिर्फ मौत का ही मंजर था इस जहाँ में

अब ये साल भी खत्म हुआ नया साल आ गया
न जाने क्या क्या गुल खिलायेगा इस नए साल में

— Raj

65. नफ़रत-ए-जहाँ

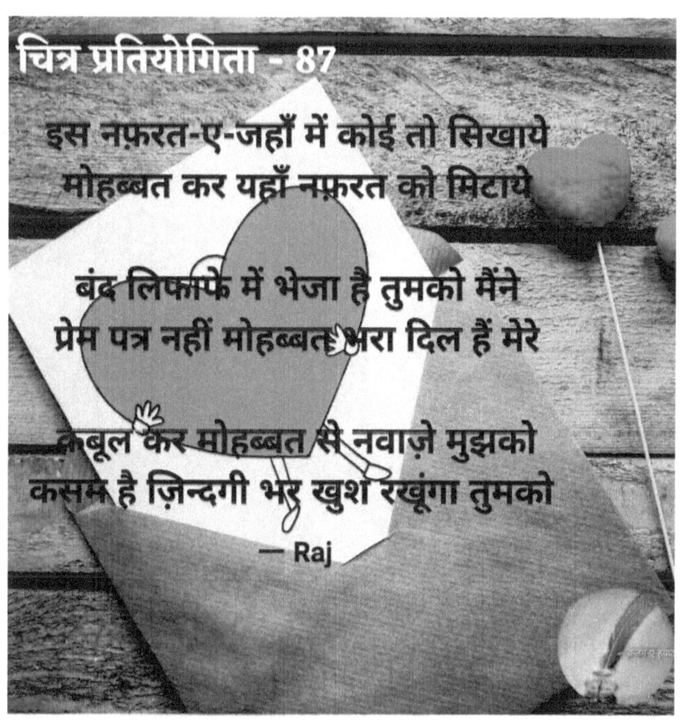

चित्र प्रतियोगिता - 87
इस नफ़रत-ए-जहाँ में कोई तो सिखाये
मोहब्बत कर यहाँ नफ़रत को मिटाये

बंद लिफ़ाफ़े में भेजा है तुमको मैंने
प्रेम पत्र नहीं मोहब्बत भरा दिल हैं मेरे

कबूल कर मोहब्बत से नवाज़े मुझको
कसम है ज़िन्दगी भर खुश रखूंगा तुमको
— Raj

66. नीले छत्री के नीचे

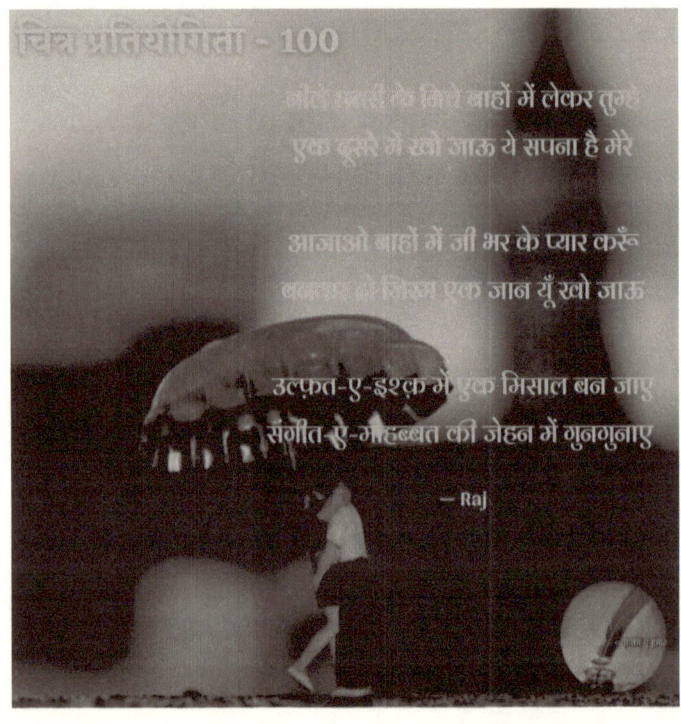
चित्र प्रतियोगिता - 100
नीले छत्री के नीचे बाहों में लेकर तुम्हे
एक दूसरे में खो जाऊ ये सपना है मेरे

आजाओ बाहों में जी भर के प्यार करूँ
बदन को जिस्म एक जान यूँ खो जाऊ

उल्फ़त-ए-इश्क़ में एक मिसाल बन जाए
संगीत-ए-मोहब्बत की जेहन में गुनगुनाए

— Raj

67. समझदार हो जाए

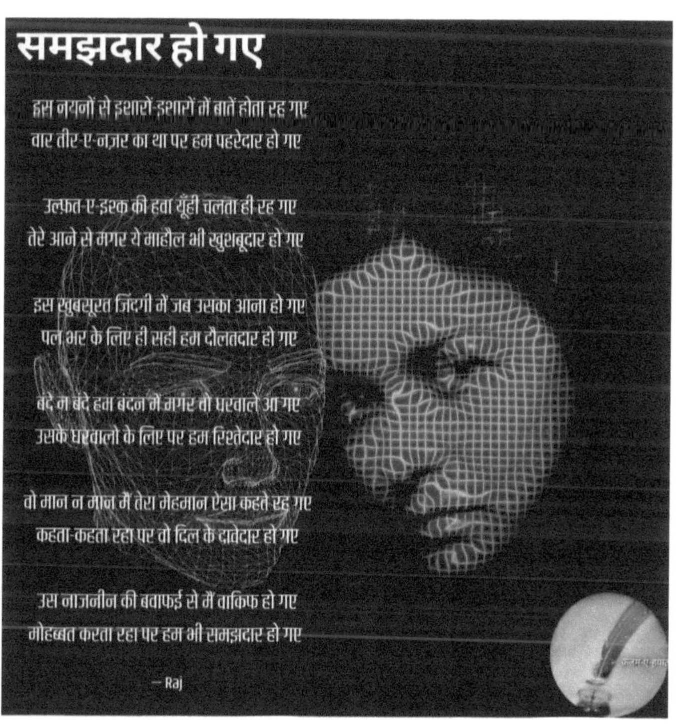

समझदार हो गए

इन नयनों से इशारों-इशारों में बातें होता रह गए
वार तीर-ए-नज़र का था पर हम पहरेदार हो गए

उल्फ़त-ए-इश्क़ की हवा यूँही चलता ही रह गए
तेरे आने से मगर ये माहौल भी खुशबूदार हो गए

इस खूबसूरत ज़िंदगी में जब उसका आना हो गए
पल भर के लिए ही सही हम दौलतदार हो गए

बंदे न बंदे हम बंदन में मगर वो घरवाले आ गए
उसके घरवालों के लिए पर हम रिश्तेदार हो गए

वो मान न मान मैं तेरा मेहमान ऐसा कहते रह गए
कहता-कहता रहा पर वो दिल के दावेदार हो गए

उस नाज़नीन की बवाफ़ई से मैं वाकिफ हो गए
मोहब्बत करता रहा पर हम भी समझदार हो गए

— Raj

68. धीर

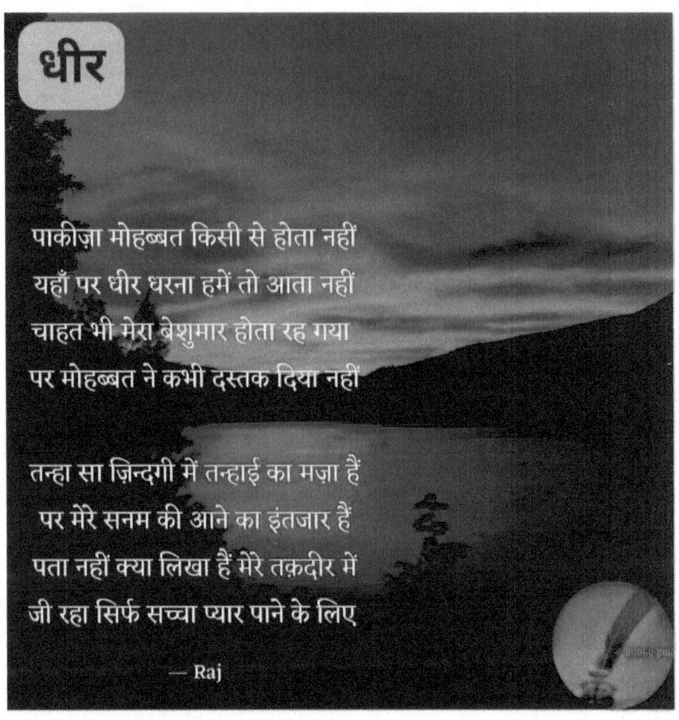

धीर

पाकीज़ा मोहब्बत किसी से होता नहीं
यहाँ पर धीर धरना हमें तो आता नहीं
चाहत भी मेरा बेशुमार होता रह गया
पर मोहब्बत ने कभी दस्तक दिया नहीं

तन्हा सा ज़िन्दगी में तन्हाई का मज़ा हैं
पर मेरे सनम की आने का इंतजार हैं
पता नहीं क्या लिखा हैं मेरे तक़दीर में
जी रहा सिर्फ सच्चा प्यार पाने के लिए

— Raj

69. तेरा साथ

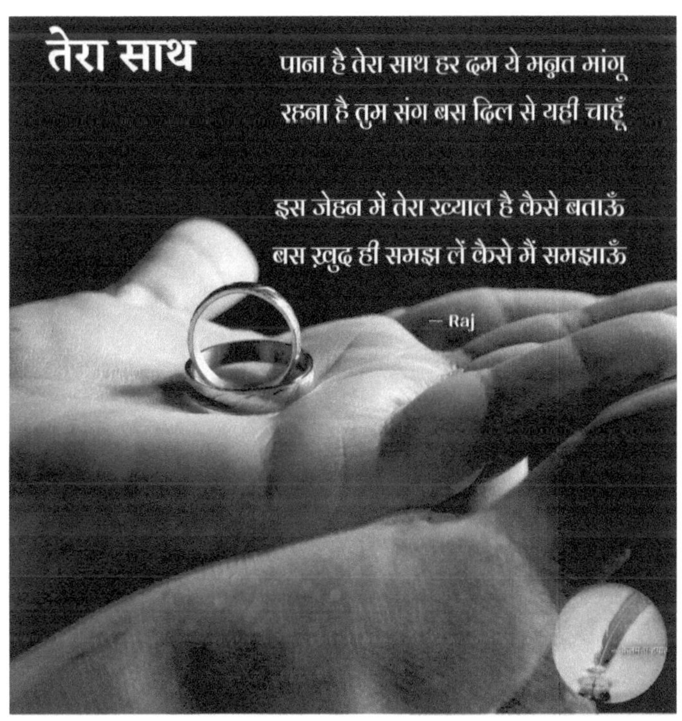

तेरा साथ

पाना है तेरा साथ हर दम ये मन्नत मांगू
रहना है तुम संग बस दिल से यही चाहूँ

इस जेहन में तेरा ख्याल है कैसे बताऊँ
बस ख़ुद ही समझ लें कैसे मैं समझाऊँ

— Raj

70. उड़ान

उड़ान

पंख लगाकर भर लूँ उड़ान उस नील गगन में।
छू लूँ उस आसमान को जिसे देखे थे ख़्वाब में।।

कर लूँ मैं गुस्ताख़ी कुछ देर उन चाँद सितारों से।
पा लूँ वो सारी खुशियाँ जिसे पाना है मुझे।।

— Raj

71. पनघट

पनघट
प्रभात का उगता सूरज
और पनघट का नज़ारा
नदी का वो बहता धारा
और प्रतिबिंब किरण का

वो कलरव चिड़ियों का
आसमां ढंग से भरा हुआ
नज़ारा है बहुत ही बढ़िया
जो दिल को छूकर गया

खूबसूरत सा है वो समा
भोर का दिलकश उजाला
आँखों को सुकून दें गया
ज़ेहन को शांत कर दिया

— Raj

72. सकारात्मक उर्जा

73. रफ़्तार

रफ़्तार
रफ़्तार-ए-मोहब्बत चलती रहेगी यूँही
आगाज़-ए-उल्फ़त होती ही रहेगी यूँही

अंजाम की फ़िक्र न करते हुए हम-तुम
इश्क़ की उस राह में चलती रहेगी यूँही

– Raj

74. किसी का इंतज़ार

किसी का इंतज़ार

रहता है हर पल किसी का इंतज़ार

जाने क्यों होता है ये दिल बेक़रार

कब मुलाक़ात होगी उस नाज़नीन से

यह सोच कर बस रहता हूँ परेशान मैं

— Raj

75. रंग-ए-शादमानी

रंग-ए-शादमानी

रंग-ए-शादमानी इस क़दर छायी है की झूम उठा तन मन
उल्फ़त-ए-मोहब्बत में देखकर तेरी सूरत ग़ा रहा मेरा मन

- Raj

76. अखंड

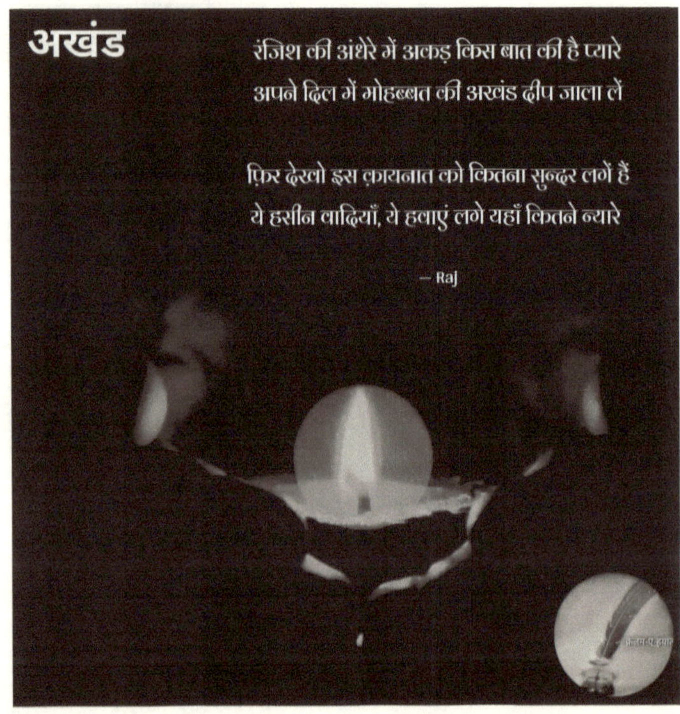

अखंड
रंजिश की अंधेरे में अकड़ किस बात की है प्यारे
अपने दिल में मोहब्बत की अखंड दीप जाला ले

फिर देखलो इस क़ायनात को कितना सुन्दर लगें हैं
ये हसीन वादियाँ, ये हवाएं लगे यहाँ कितने न्यारे

— Raj

77. मिलने का बहाना

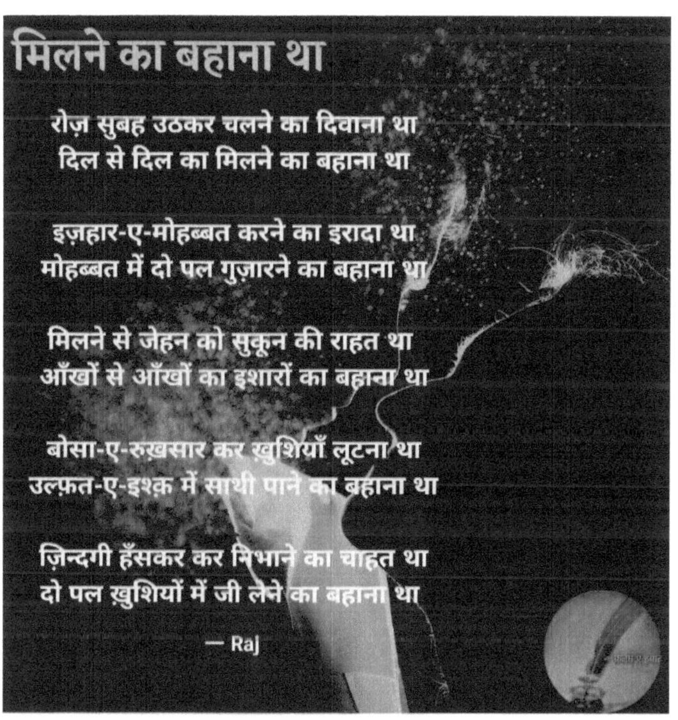

मिलने का बहाना था

रोज़ सुबह उठकर चलने का दिवाना था
दिल से दिल का मिलने का बहाना था

इज़हार-ए-मोहब्बत करने का इरादा था
मोहब्बत में दो पल गुज़ारने का बहाना था

मिलने से जेहन को सुकून की राहत था
आँखों से आँखों का इशारों का बहाना था

बोसा-ए-रुख़सार कर ख़ुशियाँ लूटना था
उल्फ़त-ए-इश्क़ में साथी पाने का बहाना था

ज़िन्दगी हँसकर कर निभाने का चाहत था
दो पल ख़ुशियों में जी लेने का बहाना था

— Raj

78. चलेंगे संग-संग

चलेंगे संग-संग
साथ तेरा पाने को हर पल बेताब रहा
यूँ ही चलेंगे संग-संग ये मेरा वादा रहा

तुम नहीं तो मेरी ये ज़िन्दगी बेजान रहा
तेरे आने से ही ये मन मेरा गुलज़ार रहा

— Raj

79. शहर की चकाचौंध

चित्र प्रतियोगिता - 102

80. मर्यादा का पाठ

मर्यादा का पाठ
सिखाकर गए मर्यादा का पाठ जगत को
रावण को मारकर किया उजागर धर्म को

सत्य और धर्म से बढ़कर कुछ नहीं दुनिया में
यह पाठ सिखाकर मर्यादा पुरुषोत्तम राम गए

— Raj

81. नासमझी

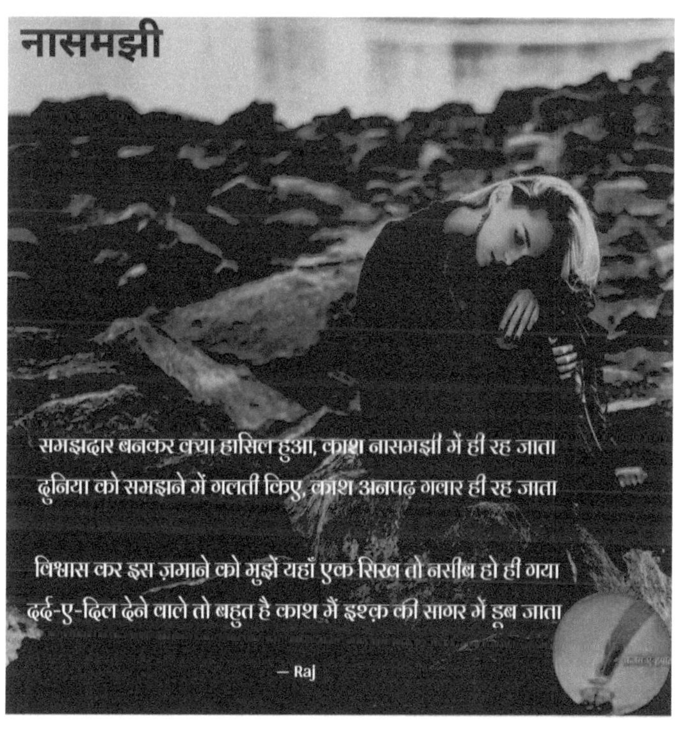

नासमझी

समझदार बनकर क्या हासिल हुआ, काश नासमझी में ही रह जाता
दुनिया को समझाने में गलती किए, काश अनपढ़ गवार ही रह जाता

विश्वास कर इस ज़माने को मुझे यहाँ एक सिख तो नसीब हो ही गया
दर्द-ए-दिल देने वाले तो बहुत है काश मैं इश्क़ की सागर में डूब जाता

— Raj

82. सोच सोच कर यूँ

चित्र प्रतियोगिता - 114
think+
सोच सोच कर यूँ ही होता क्यों है परेशान यहाँ
नकारात्मक सोच नहीं, करो सकारात्मक यहाँ

ज़िन्दगी मिली है हमें तो कुछ नेक काम कर लें
सोच अगर सकारात्मक हो तो ख़ुशियाँ ही पावे

— Raj

83. ज़िंदगी के पन्ने

ज़िंदगी के पन्ने
सोचता हूँ ज़िन्दगी के पन्ने पर तेरा ही नाम लिखूँ
ये सोचकर की रूसवा न हो जाए मैं रूक जाता हूँ

चाहत बहुत है इस दिल में इसे मैं कैसे समझाऊ
डर लगता है मोहब्बत से अब कहीं जुदा न हो जाऊ

— Raj

84. सतरंगी दुनिया

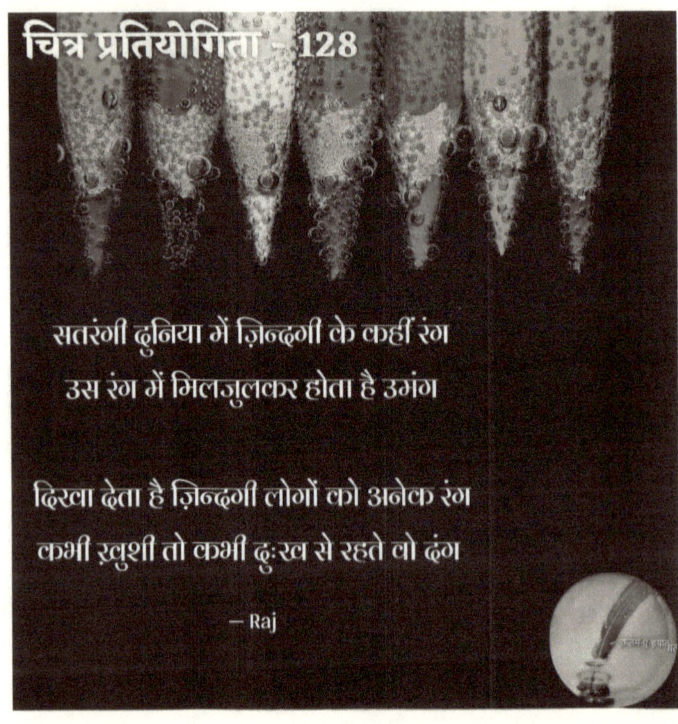

चित्र प्रतियोगिता - 128
सतरंगी दुनिया में ज़िन्दगी के कहीं रंग
उस रंग में मिलजुलकर होता है उमंग

दिखा देता है ज़िन्दगी लोगों को अनेक रंग
कभी ख़ुशी तो कभी दुःख से रहते वो दंग

— Raj

85. न जाने किधर गए

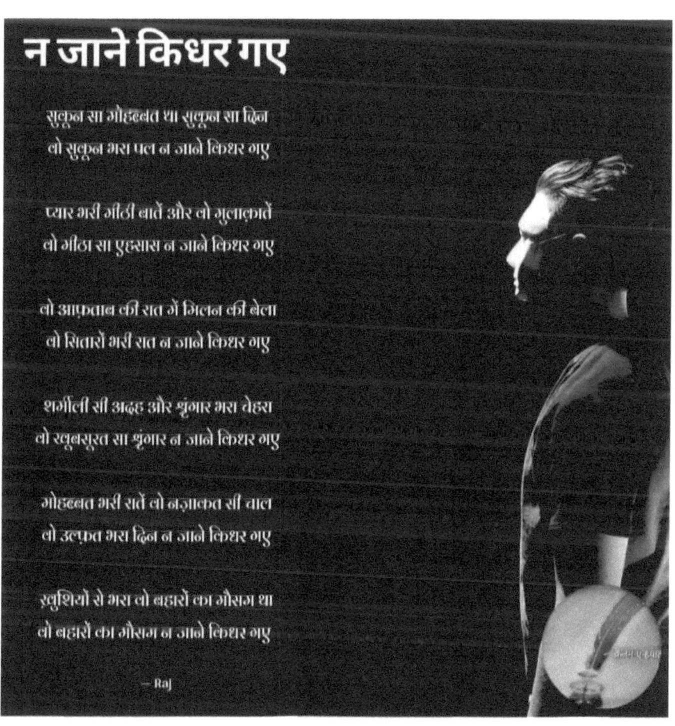

न जाने किधर गए
सुकून सा मोहब्बत था सुकून सा दिन
वो सुकून भरा पल न जाने किधर गए

प्यार भरी मीठी बातें और वो मुलाकातें
वो मीठा सा एहसास न जाने किधर गए

वो आफ़ताब की रात में मिलन की बेला
वो सितारों भरी रात न जाने किधर गए

शर्मीली सी अदह और श्रृंगार भरा चेहरा
वो ख़ूबसूरत सा श्रृंगार न जाने किधर गए

मोहब्बत भरी रातें वो नज़ाकत सी चाल
वो उल्फ़त भरा दिन न जाने किधर गए

खुशियों से भरा वो बहारों का मौसम था
वो बहारों का मौसम न जाने किधर गए

— Raj

86. अंतर्द्वंद

अंतर्द्वंद

सूझे न मुझें क्या सही और क्या है गलत बस रहता हर दम अंतर्द्वंद
ज़ेहन भी रहता है बहुत परेशां, सही निर्णय कैसे लें हम यहाँ तुरंत

इंतज़ार-ए-मोहब्बत करता रहा उम्र भर इकरार-ए-इश्क करना है
क्या पता वो साथ देगी या नहीं जिसने मुझें यहाँ बरसो तडपाया है

— Raj

87. मन के काले

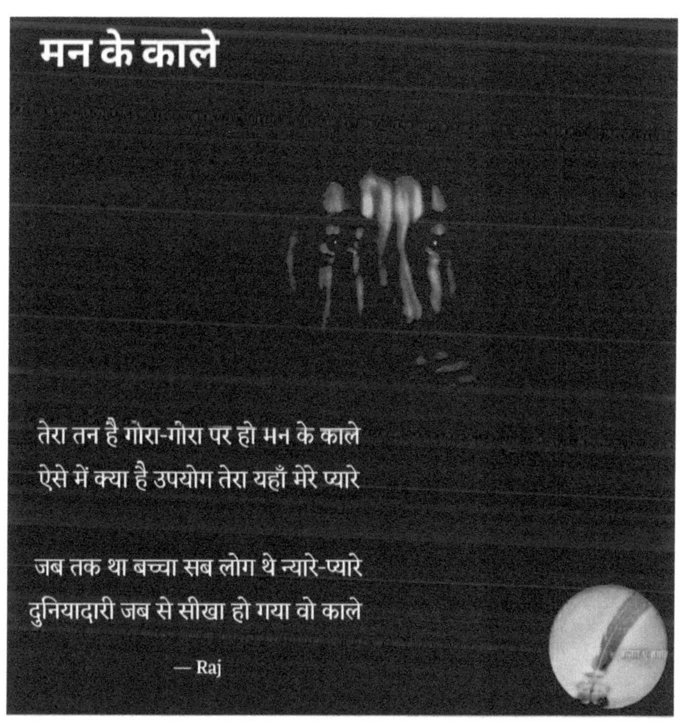

तेरा तन है गोरा-गोरा पर हो मन के काले
ऐसे में क्या है उपयोग तेरा यहाँ मेरे प्यारे

जब तक था बच्चा सब लोग थे न्यारे-प्यारे
दुनियादारी जब से सीखा हो गया वो काले

— Raj

88. तेरी करनी तू जाने

तेरी करनी तू जाने
तेरी करनी तू जाने कर्म का फल माने या न माने
जैसी करनी वैसे भरनी होगी ये बात तू समझ ले

जो भी बोयेगा वही पायेगा ये संसार का नियम है
कर्म फल किसको कितना ये कर्म चक्र पे निर्भर है

— Raj

89. कच्चे रिश्त

कच्चे रिश्ते
टूट जाते है अक्सर ये कच्चे रिश्ते
तलाश है मुझको यहाँ पक्के रिश्ते

उल्फ़त में जिस पर मैं यूं ही मरते हैं
चाहता हूँ साथ मिले उम्र भर उसके

— Raj

90. समझौता

समझौता

तुम नहीं हो पास दिल रहता मेरा उदास
कैसे समझाऊ की तुम हो कितने ख़ास

करता रहा समझौता इस दिल से हर दम
एक दिन समझ कर पास आजाओगी तुम

— Raj

91. लहरें

उठती है ज़ेहन में ख्वाहिशों की लहरें
जब देखता हूँ मैं बहुत ख़्वाब सुनहरे

यूँही होती है हलचल इस दिल में हमारे
जब रहती है ये ख़्वाहिश बनकर अधूरे

जैसे लहर मचलती है तटों से टकराने
उछाल-उछाल कर आ जाती है किनारे

गाती है हर पल मोहब्बत की वो नग्मे
जिसे सुनकर मन भी हो जाए सुहाने

कुछ इस तरह से होता है हाल दिल का
जब उठती है लहर उल्फ़त-ए-इश्क़ का

उदास होता है जब किनारो से लगकर
जाना पड़ता है यूँही तटों से ठाकराकर

— Raj

92. एहतियात-ए-इश्क़

93. वीरान सी ज़िन्दगी

चित्र प्रतियोगिता - 105
वीरान सी ज़िन्दगी ग़मों का अंधेरा है
एक तुम ही तो है जीने का सहारा है

जब तुम ही ना रहा इस ज़िन्दगी में मेरे
रेगिस्तान बने है जीवन की ख्वाब सारे

राह ताकता रहा तेरा उम्र भर मैं यूँ ही
पता था गुल न खिलेगा गुलशन में कभी

— Raj

94. यादगार मुसाफ़िर

यादगार मुसाफ़िर
यादगार मुसाफ़िर निशान छोड़ जाते हैं
उनकी यादों में ये दिल तड़पता रहता है

ना जाने फिर कब उनसे मुलाक़ात होगी
यह सोच सोच कर दिन निकल जाते हैं
— Raj

95. महकती साँसे

महकती साँसे
ये महकती साँसे तेरी आकर्षित करता है मुझें
आजाओ आज बाहों में भर लूँ आगोश में तुझे

करता है मदहोश मुझें यह झील सी आँखें तेरी
बिन पिए ही नशा चढ़ जाता है तन मन में मेरी

— Raj

96. निगाहें

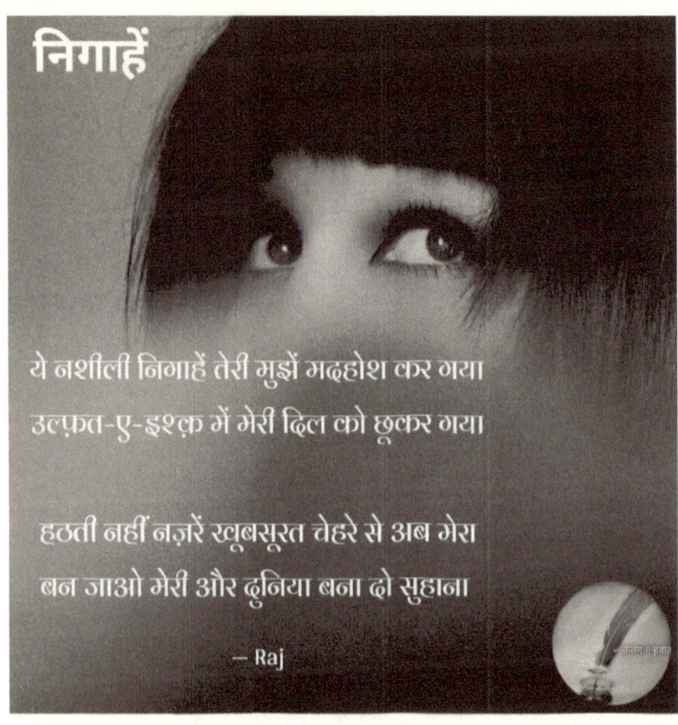

निगाहें

ये नशीली निगाहें तेरी मुझें मदहोश कर गया

उल्फ़त-ए-इश्क़ में मेरी दिल को छूकर गया

हठती नहीं नज़रें ख़ूबसूरत चेहरे से अब मेरा

बन जाओ मेरी और दुनिया बना दो सुहाना

— Raj

97. अंजान राह

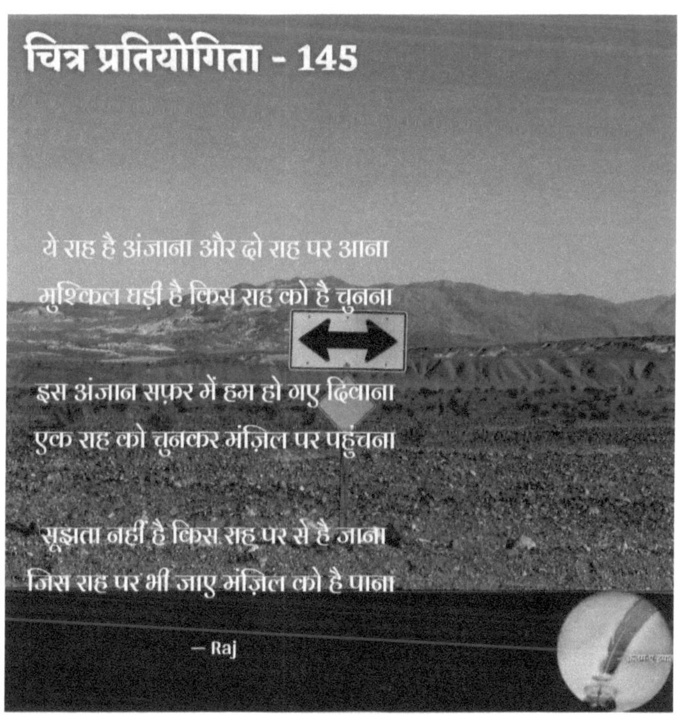

चित्र प्रतियोगिता - 145
ये राह है अंजाना और ढो राह पर आना
मुश्किल घड़ी है किस राह को है चुनना

इस अंजान सफर में हम हो गए दिवाना
एक राह को चुनकर मंज़िल पर पहुंचना

सूझता नहीं है किस राह पर से है जाना
जिस राह पर भी जाए मंज़िल को है पाना

— Raj

98. मैं और तुम

मैं और तुम

यूँही मिल जाए शब-ए-महताब में हम
उल्फ़त की करें कुछ बात मैं और तुम

ये वस्ल की रात हो और सितारें चमके
महताब में भीगकर हो मोहब्बत हमारे

— Raj

99. यादों का सफ़र

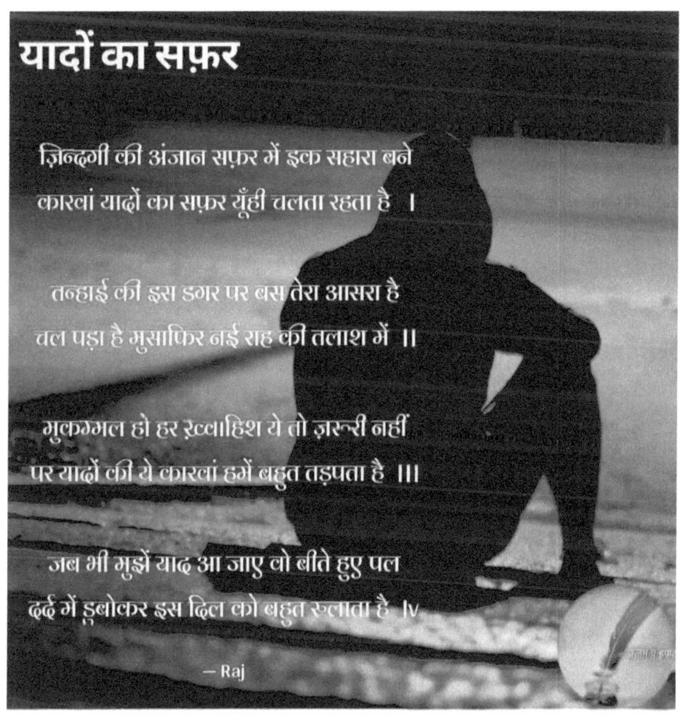

यादों का सफ़र

ज़िन्दगी की अंजान सफ़र में इक सहारा बने
कारवां यादों का सफ़र यूँही चलता रहता है ।

तन्हाई की इस डगर पर बस तेरा आसरा है
चल पड़ा है मुसाफिर नई राह की तलाश में ॥

मुकम्मल हो हर ख़्वाहिश ये तो ज़रूरी नहीं
पर यादों की ये कारवां हमें बहुत तड़पता है ॥।

जब भी मुझे याद आ जाए वो बीते हुए पल
दर्द में डुबोकर इस दिल को बहुत रुलाता है ।v

— Raj

100. अधूरी कहानी

अधूरी कहानी

अस्वीकरण

सभी रचनाएँ कल्पना पर आधारित हैं। इसका लेखक के जीवन या ब्रह्मांड में किसी से कोई लेना-देना नहीं है। सभी लेख काल्पनिक हैं और किसी जीवित या मृत व्यक्ति से कोई समानता नहीं है। यदि कोई समानता है तो यह मात्र संयोग है।

लेखक की जीवनी

श्री के.सी. श्रीराज मेनन, जिनका जन्म केरल के एक संपन्न परिवार में 09 सितंबर 1973 को श्री कोझीपुरथ संकुन्नी मेनन और श्रीमती किज़हारा चालापुरथ सेथुलक्ष्मी मेनन के घर हुआ और महाराष्ट्र में अधिवासित हैं। वह बचपन से ही तेज-तर्रार शायरी करते थे, कहते और भूल जाते थे। एक बार उनके एक करीबी दोस्त ने इस पर गौर किया और उन्हें जो भी कविताएँ या उद्धरण कहते थे, उन्हें लिखने के लिए मजबूर किया और तब से उन्होंने लिखना शुरू कर दिया। उन्होंने अपनी कविताओं और उद्धरणों को अपने और अपने करीबी दोस्तों के पास तब तक सीमित रखा जब तक उन्हें अपने कामों को ऑनलाइन लिखने के लिए एक मंच नहीं मिला। वह Your Quote साइट पर एक सक्रिय लेखक हैं और उन्हें प्रतियोगिता के लिए कई प्रशंसापत्र और प्रमाणपत्र प्राप्त हुए हैं। वह एक बहुभाषी लेखक हैं और उनका लेखन विस्मयकारी है। चाहे वह अंग्रेजी, हिंदी, उर्दू, मलयालम और मराठी हो, वह सभी भाषाओं में उत्कृष्ट है। वह कई दिलचस्प लेखकों के लिए एक बड़ी प्रेरणा भी हैं। वह मुंबई विश्वविद्यालय से स्नातक हैं। वह एक एकाउंटेंट हैं और एक स्व-शिक्षित कंप्यूटर इंजीनियर भी हैं। उनके कौशल शीर्ष पायदान पर हैं और उनके पास कई प्रमाणपत्र हैं। अभिनय, लेखन, पेंटिंग और नृत्य और संगीत सुनना आदि... आदि उनके जुनून हैं।

Mail Id.: shreeraj_m@yahoo.co.uk